体育运动

垂钓 风筝

FENG

CHUIDIAO

主编 田云平 刘立清
张 琳 姜广义

走进**大自然**
走到阳光下
养成**体育锻炼**
好习惯

吉林出版集团股份有限公司 全国百佳图书出版单位

图书在版编目 (CIP) 数据

垂钓 风筝 / 田云平等主编.—长春：吉林出版集团股份有限公司，2011.6（2024.1 重印）

ISBN 978-7-5463-5722-5

Ⅰ．①垂… Ⅱ．①田… Ⅲ．①钓鱼（文娱活动）—青年读物②放风筝—青年读物 Ⅳ．①G897-49②G898.1-49

中国版本图书馆 CIP 数据核字（2011）第 117596 号

垂钓 风筝

主编 田云平 刘立清 张琳 姜广义

责任编辑 沈航

出版发行 吉林出版集团股份有限公司

印刷 三河市同力彩印有限公司

版次 2011 年 7 月第 1 版 2024 年 1 月第 7 次印刷

开本 787mm×1092mm 1/16 **印张** 10 **字数** 100 千

地址 吉林省长春市福祉大路 5788 号 **邮编** 130000

电话 0431-81629968

电子邮箱 11915286@qq.com

书号 ISBN 978-7-5463-5722-5

定价 45.80 元

目录

目录　CONTENTS

目录

第一章 运动保护

"生命在于运动"，但是盲目、不科学的运动非但不能起到强身健体的作用，反而会给身体带来一定的伤害。只有掌握体育锻炼的一般性生理卫生知识，科学地进行体育锻炼，才能起到健身强体的作用。

第一节 生理卫生

青少年在进行体育运动时，除了应进行一般性的身体检查和必要的咨询外，还要注意培养运动兴趣和把握适当的运动强度。

一、培养运动兴趣

在进行体育运动前，必须培养自己对体育运动的兴趣。培养兴趣的方法有很多，如观看体育比赛，与同学、朋友进行体育比赛等。有了浓厚的兴趣，就能自觉地投入体育运动之中，从而达到理想的体育锻炼效果。

二、把握运动强度

因为青少年进行体育运动，主要是在享受体育运动的过程中增强体质，提高健康水平，而不仅是为了创造运动成绩，所以运动强度不宜过大。控制运动强度最简单的办法是测定运动时的脉搏。对青少年来说，运动时的脉搏控制在每分钟 140 次左右较为适合。

第二节 运动前准备

运动前进行充分的准备活动，对于青少年来说是非常重要的。一些青少年体育运动爱好者，常常不重视运动前的准备活动，导致各种运动损伤，影响运动效果，也容易失去对体育运动的兴趣，甚至产生对体育运动的畏惧心理。因此，青少年在进行体育运动前，必须做好充分的准备活动。

一、准备活动的作用

运动前做好充分的准备活动能对肌肉、内脏器官起很大的保护作用，同时还可以提前调节运动时的心理状态。

（一）提高肌肉温度，预防运动损伤

运动前进行一定强度的准备活动，不仅可以使肌肉的代谢过程加强，温度增高，血液黏滞性下降，提高肌肉的收缩和舒张速度，增强肌力，同时还可以增加肌肉、韧带的弹性和伸展性，减少由于肌肉剧烈收缩而造成的运动损伤。

（二）提高内脏器官的功能水平

内脏器官的功能特点之一就是生理惰性较大，即当活动开始、肌肉发挥最大功能水平时，内脏器官并不能立刻

进入最佳活动状态。

(三)调节心理状态

　　青少年进行体育锻炼不仅是身体活动，同时也是心理活动。研究证明，心理活动在体育锻炼中起着非常重要的作用。体育锻炼前的准备活动，可以起到心理调节的作用，即接通各运动中枢间的神经联系，使大脑皮层处于最佳兴奋状态。

二、如何进行准备活动

　　一般来说，准备活动应主要考虑内容、时间和运动量等问题。

(一)内容

　　准备活动可分为一般准备活动和专项准备活动。一般准备活动主要是一些全身性的身体练习，如跑步、踢腿、弯腰等。一般准备活动的作用在于提高整体的代谢水平和大脑皮层的兴奋状态，减少运动损伤的发生。专项准备活动是指与所从事的体育锻炼内容相适应的动作练习。

　　下面介绍一套一般准备活动操，供青少年运动前使用。这套活动操主要包括头部运动、肩部运动、扩胸运动、体侧运动、体转运动、髋部运动和踢腿运动等。

1.头部运动

头部运动的动作方法（见图1-2-1）是：

两手叉腰，两脚左右开立，做头部向前、向后、向左、向右，以及绕环运动。

2.肩部运动

肩部运动的动作方法（见图1-2-2）是：

手扶肩部，屈臂向前、向后绕环，以及直臂绕环。

3.扩胸运动

扩胸运动的动作方法（见图1-2-3）是：

屈臂向后振动及直臂向后振动。

4.体侧运动

体侧运动的动作方法（见图1-2-4）是：

两脚左右开立，一手叉腰，另一臂上举，并随上体侧屈而摆动。

5.体转运动

体转运动的动作方法（见图1-2-5）是：

两脚左右开立，两臂体前屈，身体向左、向右有节奏地扭转。

6.髋部运动

髋部运动的动作方法（见图1-2-6）是：

两脚左右开立，两手叉腰，髋关节放松，向左、向右各做360°旋转。

7.踢腿运动

踢腿运动的动作方法（见图1-2-7）是：

两臂上举后振，同时一腿向后半步，然后两臂下摆后振，同时向前上方踢腿。

图 1—2—1

图 1—2—2

图 1—2—3

图 1—2—4

图 1—2—5

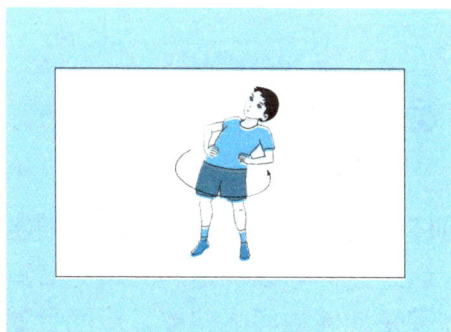

图 1—2—6

图 1-2-7

(二)时间和运动量

准备活动的时间和运动量随体育锻炼的内容和量而定。由于以健身为目的的体育运动量较小，因此准备活动的量也相对较小，时间也不宜过长，否则，还未进行体育锻炼身体就疲劳了。半小时的体育锻炼，准备活动时间一般以 10 分钟左右为宜。

第三节 运动后放松

进行剧烈的体育运动后，有些青少年习惯坐在地上，或是直接躺下来休息，认为这样可以快速消除疲劳。其实不然，这样做的结果不仅不能尽快地恢复身体功能，反而会对身体产生不良影响，正确的做法应该是运动后做一些整理活动，放松身体。

一、运动后整理活动的必要性 ✿✿✿✿✿✿

运动后的整理活动不但可以避免头晕等症状，还可以有效地消除疲劳。

(一)避免头晕

人体在停止运动后，如果停下来不动，或是坐下来休息，静脉血管失去了骨骼肌的节律性收缩，血液会受重力作用滞留在下肢静脉血管中，导致回心血量减少，心血输出量下降，造成暂时性脑缺血，出现头晕、眼前发黑等一系列症状，严重者甚至会出现休克。为了避免这些症状的发生，整理活动是非常必要的。

(二)消除疲劳

除了避免头晕等症状的发生，运动后的整理活动还可以改善血液循环状态，达到快速消除疲劳的目的。

二、放松方法 ✿✿✿✿✿✿

在运动后放松时，应注意以下几个问题：

(1)做一些放松跑、放松走等形式的下肢运动，促进下肢静脉血的回流，防止体育锻炼后心血输出量的过度下降；

(2)在下肢活动后进行上肢整理活动，右臂活动后做左臂的整理活动，通过这种积极性休息，使身体功能得到尽快恢复；

　　(3)整理活动的量不要过大，否则整理活动又会引起新的疲劳；

　　(4)在进行整理活动时，应当保持心情舒畅、精神愉快的感觉。

第四节　恢复养护

　　人体在运动后，除采用休息和积极性体育手段加速身体功能的恢复外，还可以根据体育运动的特点，补充不同的营养物质，以尽快消除疲劳。

　　体育运动结束后，人体内会产生一种叫作乳酸的酸性物质。它的积累会造成肌体的疲劳，使恢复时间延长。所以，我们在体育运动后，应多补充一些碱性食物，如蔬菜、水果等，而动物性蛋白等肉类食品偏"酸"，在运动后的当天可适当减少摄入。

第二章　垂钓概述

垂钓俗称"钓鱼"，是使用钓竿、渔钩、钓线等工具，从江、河、湖、海及水库等处获取鱼类的一种活动。这是一种有趣的体育活动，可陶冶身心，有益健康，有人还把它作为医治神经衰弱和某些慢性疾病的辅助疗法。

第一节 起源与发展

　　高雅古朴的垂钓活动，作为中华文明的一个小小侧面，伴随着历史的进程延续下来，历数千年而不衰，日益为广大群众所喜爱。

一、起源

　　垂钓俗称"钓鱼"，在内陆淡水水域的开展由来已久，始于原始社会的渔猎，是人类的谋生手段。在我国，垂钓活动大约出现于旧石器时代。考古发现的距今四五十万年前的猿人遗址中就有各种鱼骨。我国古书《户子》中有"燧人氏教民以渔"的记载。郑州商朝早期遗址的出土器物中还有青铜制作的渔钩。

　　商周时期，殷墟出土的甲骨文中的"渔"字，是我国最早

二、发展

的有关垂钓活动的文献记载。在辽宁抚顺、湖北江陵、河南陕县、广东徐闻等地，相继发现了战国时期的铁制渔钩。秦汉时期，垂钓作为一种高雅的娱乐活动发展起来。隋唐时期，垂钓活动已成为人们文化生活的一个方面，渔具的制作技术也有了突破性进步。元、明、清时期是我国垂钓史上继往开来的时期，此时的垂钓活动开展得极为普遍。

20 世纪 50 年代以来，西欧一些国家把垂钓列为体育比赛项目。1952 年，国际钓鱼运动联合会成立。目前，垂钓活动风靡全球，已成为许多国家旅游业的重要组成部分。

我国政府对垂钓活动也十分重视。1983 年 9 月，中国垂钓协会成立，许多省、市也先后成立了垂钓协会。1985 年 9 月 2 日，在北京张家湾举办了我国第 1 届全国垂钓比赛，从此每年举行一次国家级垂钓比赛。此后，各省、市也先后组织了不同规模的垂钓比赛，群众性的垂钓活动在全国各地蓬勃开展。

第二节 特点与价值

垂钓属于一项体育运动，但又有别于其他体育运动，有着自身的特点和价值。

一、特点

垂钓是体育运动的一个重要组成部分，具有广泛的群众性、浓厚的娱乐性、高超的技艺性、悠久的传统性，是一项能够陶冶性情、增强体质、有益身心健康的体育活动。

二、价值

垂钓是一项有益身心健康的体育活动，它的巨大价值体现在多方面。

（一）陶冶性情

垂钓活动可以调身、调心、调息。垂钓活动静中有动,动中有静,动静兼备,有益于修养身心,调和气血,安定情绪,使大脑得到充分的休息,使人体功能协调平衡。

（二）增强体质

人们一般认为,垂钓都是静坐,用不着动,其实这是一种错误认知。在寻找垂钓地点、甩竿等许多过程中,钓者都需要进行运动,花费许多力气。所以说,垂钓是一项全身性的运动,能够增强体质。

（三）有益身心健康

垂钓场地往往空气清新、阳光灿烂、碧水蓝天。钓者沐浴和煦的阳光,动则健体,静则养心,乐而开怀。垂钓的过程使钓者的大脑皮层得到很好的休息,身体功能得到协调平衡。

第三节 国际赛事及规则

垂钓是国际体育运动的项目之一。1952 年,一些国家创立了"国际钓鱼运动联合会"。1961 年 7 月,在德意志民主共和国的德雷斯顿举行了第 2 届世界垂钓技术锦标赛,场面宏大。8 万名观众观看 11 个国家的 108 名垂钓能手比赛。这次比赛不是在水里,而是在足球场上。他们用不同的钓竿比赛垂钓技术。德意志民主共和国选手盖希将钩抛出 174.6 米,获得了海竿抛远冠军。

国际钓法是一种高水平的综合钓法,包含有两大钓法:一是短竿(2.1 米)细线钓小鱼,二是长竿短线钓大鱼。在钓组搭配上,国际钓法灵敏度非常高;在钓技上,它适用于各种环境,如流动的河流、溪流或静止的湖泊、水库,而且变化性很大,对鱼情的判断要准。在大鱼还没有进窝时抓紧用短竿细线钓小鱼,当发现大鱼进窝后立即换长竿钓大鱼,当大鱼钓完后又换小竿钓小鱼,特别是钓流水鱼对钓技的要求更高,要按水的流速配备铅坠和浮漂,确保 10% 的铅坠刚好着底。

第三章　钓点选择和鱼类介绍

钓点的好坏与钓者的收获有很大的关系。同在一个水域垂钓，其他条件都相同，仅钓点不同，收获就会有很大差异。而且，作为一名优秀的钓者，必须对鱼类有一定的了解。

第一节 钓点选择

一般来说,好的钓点主要有以下地点:桥梁和涵洞附近,居民淘米洗菜点附近,进出水口附近,河流支岔附近,浸没在水中的树根和树枝附近,水草浮萍的空隙处,水中的积石和木桩附近,河道水流平缓的浅湾处,木排、竹排的边沿或空隙处。另外,钓者的座位要选在岸边的低矮处,不要背着阳光,以免光线的投影将鱼惊跑。

通常情况下,选择钓点可遵循以下原则:

(一)鱼类觅食之处

任何一种生物,为了生存的需要,它们都会本能地觅食。鱼类总是到饵料较多的地方游动、觅食,因而饵料较多的地方,鱼自然也多。如在水草丛生之处各种浮游生物较多,这些浮游生物正是很多鱼类的食物。

(二)鱼类的栖息区

鱼类的栖息区一般在水域的深处或水底有乱石、沟坎、洞穴、障碍物的地方。在盛夏的酷暑高温时节,多数鱼类为躲避高温,会游向深水区;在严冬的寒冷低温时节,它们又会游向向阳的水域。

(三)含氧丰富的水域

鱼类生存需要氧,含氧丰富的水域,一般也是鱼最多、最活跃之处。水域中的富氧地方通常是在静水区的入水口周围、养鱼池的增氧机旁、刮风时的迎风岸边。

(四)鱼类的洄游通道

鱼类洄游会沿着相对固定的路线,也就是"鱼道"进行。在这条鱼道上,鱼的密度相对较大,鱼道与水域中的地形有关,如大水库中底部的古河道、水域的狭窄部,以及堤岸的凸出部等。

第二节 鱼类介绍

要想做一名优秀的钓者,必须对鱼类有一定的了解。下面介绍一下常见的淡水鱼和海水鱼:

一、常见淡水鱼

(一)鲢鱼(见图 3-2-1)

鲢鱼又称"鲢子""白鲢",体侧扁,吃浮游生物,也吃人工饵料,如豆饼、麸子等。由于饵料易得,因此鲢鱼生长较快,生活在水域的中上层。

图 3-2-1

(二)鳙鱼(见图 3-2-2)

鳙鱼又称"花鲢",俗称"胖头",头部比鲢鱼更肥大,体侧扁,吃浮游生物,也吃人工饵料。由于饵料易得,因此鳙鱼生长较快,生活在水域的中上层。

图 3-2-2

(三)鲂鱼(见图 3-2-3)

鲂鱼又称"三角鲂""三角鳊",体形似鳊鱼,但背部隆起,银灰色,属食草性鱼类,其幼鱼以食水生动物为主,生活在水域的中下层。

图 3-2-3

(四)鲤鱼(见图 3-2-4)

鲤鱼俗称"拐子",体长,略侧扁,大者长达 1 米,青黄色,尾鳍下叶为红色,属杂食性鱼类,生活在水域的底层。

图 3-2-4

（五）鲫鱼（见图 3-2-5）

鲫鱼俗称"鲫瓜"，体侧扁而高，大者长达 20 厘米，生命力、繁殖力均很强，属杂食性鱼类，生活在水域的底层。

图 3-2-5

（六）鳜鱼（见图 3-2-6）

鳜鱼又称"桂鱼"，体侧扁，背部隆起，长达 60 厘米，青黄色，具有不规则黑色斑纹，口大，鳞细小，喜食鱼虾，属于凶猛鱼类。

图 3-2-6

（七）乌鱼（见图 3-2-7）

乌鱼又称"黑鱼"，体形长而圆，头尾相等，青褐色，细鳞，有斑点花纹，口大、牙尖，以水中昆虫及小虾、小鱼为食，栖息于淡水水域底层及水草、芦苇缝隙中，伺机捕食小鱼，属凶猛鱼类。

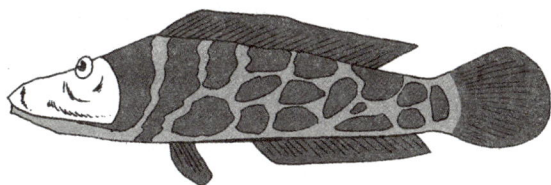

图 3-2-7

（八）鲶鱼（见图 3-2-8）

鲶鱼为无鳞鱼，头大，额扁，口大，腹大，有齿，有胃，有须，栖息于水中的草根、树根、砖石、瓦块、洞穴等处，吃小鱼、虾及蚯蚓等，属于肉食性鱼类，生活在水域的底层。

图 3-2-8

二、常见海水鱼

(一)淞江鲈鱼(见图 3-2-9)

淞江鲈鱼又名四鳃鲈、花鼓鱼、媳妇鱼、船丁鱼等,头大而扁,上颌略长于下颌,身体后侧尖细,鳃孔宽大,胸鳍大,无鳞,皮肤上有许多大小不一的黑褐色小斑点,腹部灰白色,头部和背黄褐色,体长一般为 12～15 厘米。

图 3-2-9

(二)海鳗鱼(见图 3-2-10)

海鳗鱼又名勾鱼、门鳗、鳗鳝、麻鱼、鳗鱼、狼牙鳝、牙鱼等,体形比较长,近圆筒状,和带鱼体形类似,大的海鳗鱼长达 1 米多。它的营养价值很高,含有丰富的蛋白质、脂肪和多种维生素,对人体有益。

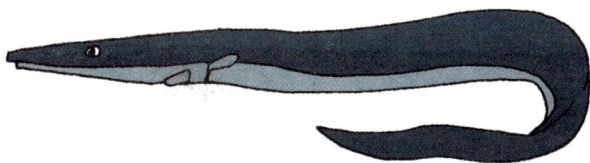

图 3-2-10

（三）带鱼（见图 3-2-11）

带鱼又名刀鱼、屈带、白鱼、白带鱼、牙带鱼、青兽鱼等，体侧扁而长，呈带状，尾部极长，末端形似鞭子，口大，下颌有一列尖锐的牙齿，全身光滑无鳞片，身体呈银白色，尾端呈黑色。

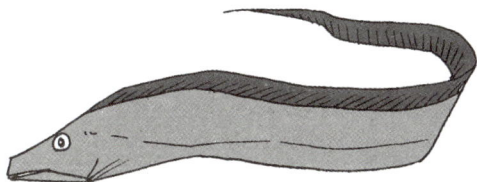

图 3-2-11

(四)鱿鱼(见图 3-2-12)

鱿鱼又名墨鱼仔,体细长,呈锥状。虽然习惯上鱿鱼被称为鱼,其实并不是鱼,而是生活在海洋中的软体动物。体内长有两片鳃作为呼吸器官,身体分为头部、颈部和躯干部。头部两侧长有一对发达的眼和围绕口周围的腕足。营养价值很高,是名贵的海产品。

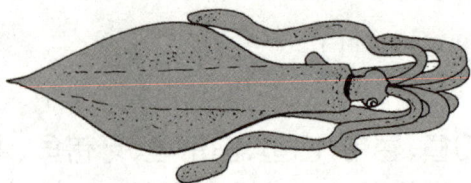

图 3-2-12

第四章　渔具介绍

　　垂钓是一项对器材要求较高的运动,优秀的钓者只有配备好的渔具,才能发挥出巨大潜力。渔具种类繁多,本章仅就相对重要的渔具加以介绍。

第一节 钓竿

钓竿是垂钓十分重要的工具，不同种类的钓竿能够钓到不同种类的鱼。所以，对于广大垂钓爱好者来说，在不同的情况下选择合适的钓竿是非常必要的。

一、钓竿分类

钓竿分为手竿、海竿和手海两用竿。

(一)手竿(见图 4-1-1)

手竿主要是指不安装绕线轮的钓竿，一般用于淡水垂钓。手竿的优点是使用方便、简单、轻便、易于携带，不受水域限制，收竿、始钓、转换钓位都很灵活，造价低，而收获比海竿大。手竿的缺点是不适合钓大鱼，下钩后要目不转睛地盯着鱼漂，会使眼睛疲劳、视力受损，手竿也太长，劳神费力。手竿可分为玻璃纤维手竿、碳纤维手竿和竹苇竿。

1.玻璃纤维手竿

玻璃纤维手竿具有弹性好、耐用、重量轻、方便等优点；缺点是承受力不够，容易断裂。

2.碳纤维手竿

碳纤维手竿弥补了玻璃纤维手竿的不足，优点是重量轻、弹力好、抗力负荷大、韧性强、竿身细、手感好，缺点是易导电，价格昂贵。

3. 竹苇竿

竹苇竿的优点是柔韧性好，便于制作，既经济又实惠；缺点是怕雨水，易变形，易爆裂，重量大，体积大，不便携带。

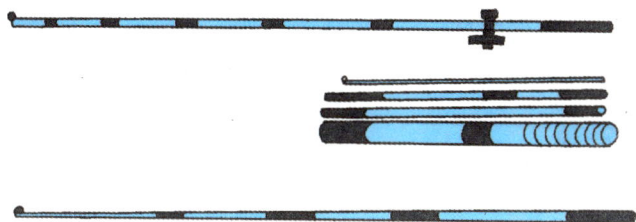

图 4-1-1

(二)海竿

海竿又称轮竿。我国唐代就已有海竿，古人形象地称其为"钓车"。它的竿和轮全部由竹制成，绕线盘为圆形，能转动，收线、放线运转自如。海竿的优点是抛得远，可以进行夜钓（因为海竿装有警钟，鱼一上钩铃就响），可以在大风中垂钓（因为海竿无须看浮子，只要竿梢上下颤动，就知道鱼已上钩），可以保护视力（因为有警铃，不需要凝视），可以放松神经和肌肉（因为垂钓中不用全神贯注），大鱼不易挣脱（因为海竿轮子有缓冲装置）。海竿的缺点是不适于在窄河、沟渠、小水塘以及水草稠密的水域垂钓，携带不便，价格比较贵。海竿一般分竹制竿、玻璃纤维竿和碳纤维竿。

1.竹制竿

竹制竿大都用金属套管把一节节竿体连接起来,因此也叫插接式海竿(见图4-1-2)。

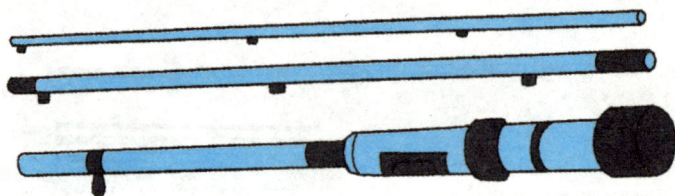

图 4-1-2

2.玻璃纤维竿

玻璃纤维竿又分伸缩式(拉杆天线式)和插接式两种(见图4-1-3)。

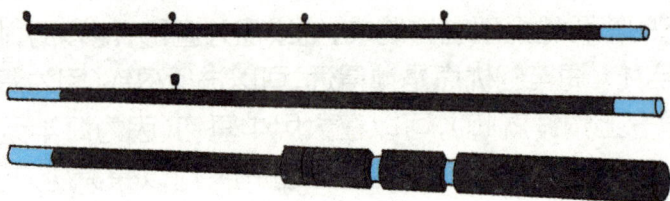

图 4-1-3

3.碳纤维竿

碳纤维竿目前只有伸缩式,分空心竿和实心竿两种。拉杆天线式的海竿都是空心竿,只有梢子是实心的(见图 4-1-4)。

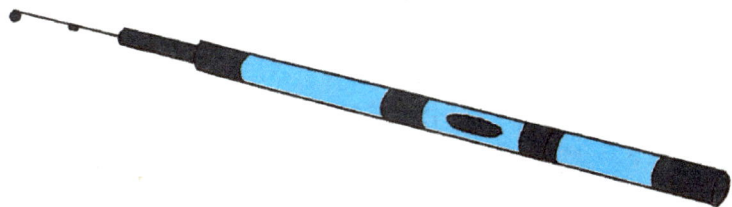

图 4-1-4

(三)手海两用竿(见图 4-1-5)

手海两用竿一般为拉杆式,长度为 5.1～7.1 米。柄处可以安装绕线轮,竿体上每节都装有金属或陶瓷导线眼,既具有手竿的灵敏性,又具有投竿可收放线的优点。在不适宜投竿垂钓的水域可以作手竿使用,在不适宜手竿垂钓的水域可以作海竿使用。由于装有绕线轮,因此大鱼上钩时不易逃脱。

图 4-1-5

二、钓竿制作材料的发展

　　早期的钓竿都是采用弹性较好的竹子制成，进入 20 世纪之后，化学材料的高度研发使钓竿的制造有了非常大的改变。

　　玻璃纤维的使用不仅使钓竿的长度超过了竹竿的长度，重量也只有竹竿的四分之一。更重要的是，它的弹性与韧性是竹竿所不能比的。

　　玻璃纤维的重量虽然比竹子材料轻得多，但是久持之下容易劳累。这时，更轻的碳纤维竿便取代了笨重的玻璃纤维竿。这种碳纤维竿除了质轻之外，其弹性也比玻璃纤维竿好了很多。

　　然而，碳纤维竿虽然有质轻与弹性好的优点，但是韧性差是其最大的缺点。近年市面上还出现了比碳纤维竿轻、弹性佳且韧性大的钓竿。

三、钓竿的"调性"

钓竿的"调性"就是一支钓竿组装（插接式）或完全拉出（振出式）后，用力拉住竿尾时所呈现的弯曲程度。

将钓竿分成 10 等份，由弯曲的位置（开始点）来判断钓竿的"调性"。弯曲位置如在钓竿的第二等份位置，这就是一支"二八调"的钓竿，若是在第三等份位置，就是"三七调"的钓竿，依此类推（见图 4-1-6）。一般钓竿最软的是"五五调"的"胴调子"，而最硬的就是不会弯曲的"铁钉竿"。调子愈软的钓竿与鱼的缓冲性愈佳，调子愈硬的钓竿与鱼的缓冲性也就愈差。

钓竿从当中第五等份处就开始弯曲，这种竿可称为软调竿；如从上面六七等份间弯曲，谓之中性竿；从七八等份才开始摆动，可称为硬调竿；钓竿在手中摇动时显得硬邦邦的，只有尖子附近才有点儿摆动，属超硬竿。

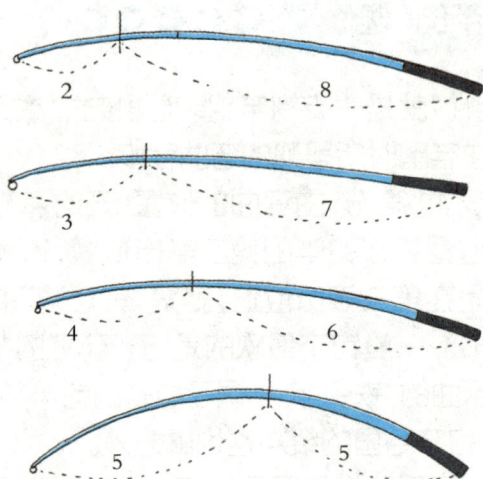

图 4-1-6

　　软竿适用于休闲池,由于它的调子较软,可以对付十分轻巧的鲫鱼,所以也有钓者称之为"鲫鱼竿"。使用这种软调的钓竿,可以用较细的钓线,搏鱼的时间可以拉长,让钓者多享受一会儿搏鱼的乐趣。不过由于不容易在短时间内将鱼降服,对于分秒必争的比赛不适用,且很容易被大鱼扯断钓竿。

　　硬竿最适合钓大鱼,一方面可以享受大鱼的拉力,另一方面也可以轻轻松松地将鱼制服。

　　超硬钓竿几乎没有弹性,起鱼的速度非常快,在竞争激烈的战斗池最适用,是比赛的专用钓竿。有的为了要更快地起鱼,还将超硬钓竿截去一小段,竿尾就变成像铁钉一样粗、一样硬,所以,有钓者就称其为"铁钉竿"。使用超硬的钓竿,由于它的弹性较差,因此在长时间使用时，很容易造成手部韧带受伤，要注意防范。

四、钓竿选择

选择钓竿时，除了要选择自己喜欢的式样，还要注意以下几个环节：

（1）握一握手把，感觉一下握竿舒服与否，一支好的钓竿，手把是一个很重要的部位；

（2）抽出钓竿（一定要确实地抽出每一节），检查钓竿的弧度与弯度，一支好的钓竿，要有顺畅的弧形，在每一节与每一节之间不能有"角"的形状出现，否则，这里将是钓竿易折断的地方；

（3）拿起钓竿抖动几下，如果钓竿每一节的密合度不够，抖动时就会发出声音，这种钓竿在钓上大鱼时很容易断竿；

（4）将钓竿的每一节都收好，打开竿头的螺丝帽，这时可以看到每一节的竿子，仔细地看一看每一节的竿壁厚度是否匀称，好的制竿技术与好的材料，一定可以制造出竿壁厚度一致的钓竿。

第二节 钓线

好竿必须配有好线才能发挥它的巨大威力。下面对钓线做简单的介绍：

一、钓线种类

(一)尼龙线

尼龙线具有直径小、拉力大、色泽好、柔软挺直、不打结、不霉变、不粘水、透明性好、阴影小、隐蔽性强、不易被鱼发现等优点，缺点是受硬物挤压易变形、出现硬伤时易断。

(二)锦纶线

锦纶线具有拉力大、耐磨、不怕挤压、柔韧性好、伸缩性小等优点。但它不透明，在水中阻力大，一般都用来连接渔钩。

(三)金属钓线

金属钓线是由铜丝或不锈钢丝制成，有单根和数根捻合而成两种。它的作用是连接渔钩(其长度一般为 30～40 厘米)，用于钓牙齿锋利的大型鱼类。

二、钓线选择

(一)手竿钓线

手竿钓线的选择要宁细勿粗。细线反应灵敏,只要钓技熟练,也可以钓大鱼。不过随着季节的变化,也要注意钓线的粗细。夏秋季节,鱼在水中活动范围广,体力好、游动快,上等品种也多,是钓青鱼、鲤鱼等大型鱼类的好季节,钓线应粗些,以直径 0.3 毫米为宜。仲春和晚秋,水温比夏季略低些,鱼的活动范围相对小些,此时钓线应选择较细的,以直径 0.2~0.25 毫米为宜。初春和初冬,水温低,鱼的活动能力和范围都降低了,此时以选用直径 0.15~0.2 毫米的钓线为宜。细线不但反应灵敏,而且在水中不易被鱼发现。冬钓(冰钓)时一般用直径 0.15~0.2 毫米的钓线。

(二)海竿钓线

海竿钓线一般以直径 0.3~0.4 毫米为宜。如果水域中有大鱼,可选用直径 0.5~0.6 毫米的钓线。

第三节 渔钩

渔钩的种类繁多,从古代发展到今天有数千种之多。钓者可依据不同的钓场、垂钓方法和所钓鱼类及鱼的大小选择不同种类的渔钩。

一、渔钩各部位名称及其功能

渔钩是垂钓时的重要工具,渔钩的好坏和种类直接影响到垂钓的质量,渔钩的各个部位都有各自的名称和功能(见图4-3-1)。

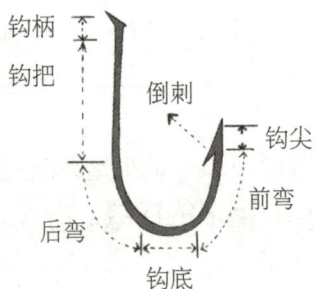

图 4-3-1

(一)钩柄

钩柄又称钩轴,有防止钩线脱落的作用。钩柄有圆形、手扳形、矛尖形、倒钩形、钩形、锯齿形、圆环形和撞木形 8 种(见图 4-3-2)。

图 4-3-2

(二)钩把

钩把是渔钩的轴,上端用以绑线。

(三)前弯、后弯和钩底

前弯、后弯和钩底的长短、大小构成了渔钩的钩形,决定了渔钩受力的均匀程度。

(四)钩尖、倒刺

在鱼吃饵时，钩尖和倒刺刺入鱼嘴，防止上钩的鱼脱钩。

(五)钩腹

钩腹有宽窄之分，钩腹宽的适宜钓嘴大的鱼，钩腹窄的适宜钓嘴小的鱼。

二、渔钩选择

钩轴和前后弯及钩底各部位要粗细适中，钩腹应略宽些，钩尖应锋利，用手轻轻触摸钩尖，如感到黏手则说明钩尖锋利。

倒刺是在钩条上切出一个开口而形成的，倒刺的大小和角度取决于开口的深度和角度。开口切得过深，当大鱼上钩时，渔钩很容易从开口处折断；开口切得过浅时，上钩的鱼很容易跑掉。钩柄应结实，薄厚均匀，使钓线不容易松脱。检查时可用手指轻轻下按钩柄，看看是否有裂痕。

强度大、韧性好、弹力好的渔钩即是好渔钩。检查时可用手按住钩尖部位向外推拉，如发现易断或变形，则说明渔钩的质量不好。

第四节 鱼饵

一个垂钓高手不仅仅要有高超的垂钓技术和丰富的经验，还要有好的鱼饵。不同的鱼饵能够钓到不同种类、不同大小的鱼，所以，对于钓者来说，鱼饵的选择是非常重要的。

一、鱼饵分类

常用鱼饵可分为诱饵和钓饵两大类。诱饵是打饵窝时诱鱼聚食用的，钓饵是供鱼咬钩用的。钓饵经处理后全部都可以当作诱饵使用，但诱饵不能全部当作钓饵使用。

(一)诱饵

诱饵分粮食、动物、植物、味液和仿生5种。前3种是"打窝子"时直接或间接撒到水里诱鱼聚集的饵料；味液是以蘸、渗、注、灌等方式附到钓饵饵体上，靠味道诱鱼咬钩的液体；仿生是靠逼真的鱼食形象诱鱼上钩的饵料，也可以作为钓饵使用。

1.粮食诱饵

常用的粮食诱饵有碎米、麸面、米糠、豆饼、菜籽饼、棉籽饼、玉米粉渣、大豆粉、芝麻粉、糕点屑、小米、玉米、谷物穗、米酒糟和豆腐渣等。

2.动物诱饵

动物诱饵多用于夜间诱钓食肉性大鱼。用熟猪、羊、狗、鸡、鸭骨头或内脏下料；禽畜熟骨架坠以石块，用绳缚或手扔到钓点，吸引小鱼、小虾来食用，接着大鱼来吃小鱼，进而引大鱼上钩。

3.植物诱饵

植物诱饵常用陆地草、绿叶草、豆类植物叶、白菜叶、菠菜叶和西瓜皮等，主要诱集食草性鱼类，需多撒几日才能见效。

4.味液诱饵

味液诱饵有稀释香精、糖液、曲酒、飞禽和动物的血液或血浆等，可以拌入粮食诱饵中，也可与面饵黏合使用。

5.仿生诱饵

用羽毛、金属或合成树脂材料制成小昆虫、小鱼、小蛙类等形象，将渔钩内藏或固定在模拟动物的尾部，利用其在水面漂动，诱使凶猛的肉食性鱼类上钩。

(二)钓饵

上述诱饵中的大多数都能作为钓饵，钓饵种类繁多，一般分为植物性钓饵和动物性钓饵。

1.植物性钓饵

植物性钓饵又叫素饵，是使用最多、来源最丰富的鱼饵，主要用于垂钓素食性和杂食性鱼类，如鲤鱼、鲫鱼、鳊鱼、草鱼等，特别是在春末、夏季和初秋，效果最好。常用的素饵有以下几种：

（1）鲜嫩的茎叶、嫩芽，如稗草、狗尾草、铁性草、南瓜花、白菜叶、菠菜叶等；

（2）植物块根，如红薯、土豆、芋头等；

（3）粮食颗粒，如饭粒、麦粒、玉米粒、豆粒等；

（4）果实，如水果中的香蕉、桃、李、菠萝、草莓及桑树的果实桑葚等；

（5）面食混合钓饵，主料多为面粉、玉米面、红薯粉、土豆泥等，其饵料黏性较大，在水下不易溶解，适于单钩悬挂。

2.动物性钓饵

动物性钓饵又称荤饵，凡可以直接挂钩钓取鱼类的动物肉，均属此类。动物性钓饵是一种富含蛋白质的鱼饵，主要用于垂钓肉食性和杂食性鱼类。草鱼、鳊鱼等草食性鱼类，有时对荤饵也很感兴趣。荤饵主要包括昆虫、小鱼虾和动物内脏等。常用的有蚯蚓、蝇蛆、活虾、水蚤、青虫、蟋蟀、泥鳅、小青蛙，以及鸡、鸭内脏等。

二、鱼饵选择

鱼饵是直接引鱼上钩的重要物质。饵不香，鱼不爱吃，所以，鱼饵的选择直接影响着所钓鱼的种类和数量。广大垂钓爱好者在进行垂钓时一定要选择恰当的鱼饵。

（一）鱼的食性

鱼的食性由于鱼的种类不同而有所差异。在选择钓饵时，一定要充分考虑到鱼的食性差异。按照鱼类所食主要食物的性质，可分成以下几种食性类型：

1.浮游生物食性类型

浮游生物食性也称为滤食性。这类鱼通过密集的鳃耙滤取食物,随着嘴的张闭与吮吸,食物随水进入口腔。中上层鱼类(如鲢鱼、鳙鱼等)大都以浮游生物为食,如浮游动物中的轮虫、枝角类、挠足类和无节幼体,以及浮游植物中的藻类等。

2.草食性类型

草食性鱼类以水草、浮萍、青菜,以及植物的茎、叶、果实等为食。这类鱼的代表有草鱼和鲂鱼。

3.肉食性类型

肉食性鱼类多以其他鱼类或动物为食。这类鱼的代表有哲罗鱼、狗鱼、鲈鱼、黑鱼、带鱼等。

4.杂食性类型

杂食性鱼类食性很广,以昆虫、小虾、蠕虫,植物的茎、叶和粮食等为食。这类鱼的代表有鲤鱼和鲫鱼。

5.底栖生物食性类型

底栖生物食性鱼类生活在水体的中下层和底层,主要以贝类、环节动物、昆虫幼虫等为食。这类鱼的代表有青鱼、鳐鱼和鲽鱼等。

6.腐屑食性类型

腐屑食性鱼类为底栖鱼类,以泥底的腐屑和硅藻类为食。这类鱼的代表有遮目鱼、梭鱼等。

(二)鱼饵选择原则

1.按鱼的食性选饵

每种鱼都有自己爱吃的饵料,没有一种饵料能适用各种鱼类。号称"万能钓饵"的蚯蚓对鲢鱼、鳙鱼并不起作用。所以,要想钓到鱼,必须使用鱼爱吃的饵料。

2. 按气候选饵

随着气候的变化,气温会跟着变化,水温也会随之变化。水温不同,鱼对饵料的选择也不同。如草鱼,在初春喜欢吃荤饵,初夏喜欢吃嫩草,夏季喜欢吃青草、糟饵,秋天各种昆虫都是它的美食,而在冬天,再好的钓饵都难以引起草鱼的摄食欲望。

3. 按鱼的摄食习惯选饵

不同的鱼类,食物来源也不同,其食性也会随之改变。如常吃颗粒饲料的鱼类,若用别的饵料做钓饵,就很难引它上钩,若用猪粪、鸭粪等,则鱼就会很感兴趣。到某一水域垂钓,必须考虑到该水域的鱼类平时的摄食习惯,再选择相应的钓饵,免得劳而无获。

第五节 辅助工具

垂钓的辅助工具有很多,本节主要介绍鱼轮、浮漂和铅坠。

一、鱼轮

鱼轮也称绕线轮,用于海竿和手海两用竿。它的作用是通过收线、放线,使上钩的鱼不致逃脱。鱼轮的种类较多,根据操纵特点可分为土轮、手摇柄机械轮和自动轮 3 种。

（一）土轮（见图 4—5—1）

土轮的学名是叉形齿槽式手拨轮。这种轮的结构简单，重量轻，蓄线量大。缺点是如掌握不熟练，则投竿时绕线轮容易乱线，甚至手指被轮齿击伤。

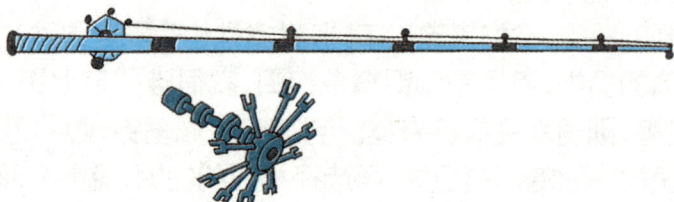

图 4—5—1

（二）手摇柄机械轮（见图 4—5—2）

手摇柄机械轮分为旋压式机械轮和封闭式绕线轮 2 种。旋压式机械轮的特点是投竿时出线阻力小、速度快，不易乱线。封闭式绕线轮与旋压式机械轮的结构基本相同，只是绕线由护罩盖着，它的优点是体积小、重量轻，投竿时不易乱线，但这种轮蓄线量小，投的距离也近些。

图 4—5—2

（三）自动轮（见图 4—5—3）

自动轮的轴心两侧均装有轴承，两侧固定有轴心盘，类似鼓形，因此又称"鼓形绕线轮"。

图 4—5—3

二、浮漂 ✿✿✿✿✿✿

浮漂又称浮子、鱼浮、浮标等,是进行垂钓时用以传递鱼类吞钩信息、控制鱼钩在水中悬浮位置的重要配件,是一种信号标志。垂钓时选择合适的浮漂也是非常重要的。

(一)浮漂的功能

浮漂是向钓者显示鱼吞食钓饵信息的工具。钓者借助浮漂的浮力,可以垂钓栖息于不同水层的鱼类。借助浮漂自身的重量,浮漂可以起铅坠的作用。选用大型木浮漂,钓者便于把钓饵投向钓点。

(二)浮漂的种类与形状

浮漂的种类很多,不同的钓法及钓不同的鱼类,所选用浮漂的形状、大小也不相同。归纳起来,浮漂可分为四大类。

1.立式浮漂(见图4-5-4)

立式浮漂有纺锤形、辣椒形、中穿立形、伞形等,适用于吞饵动作较小的鱼类。使用时浮漂顶部露出水面,只要鱼吞饵,浮漂就会有明显反应。

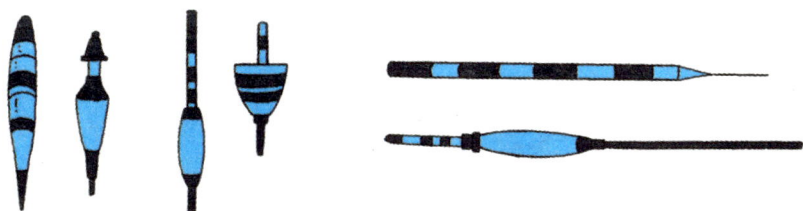

图 4-5-4

2. 卧式浮漂（见图 4-5-5）

卧式浮漂卧在水面上，不受风浪的影响。当鱼吞饵时，浮漂立起。使用时，把浮漂与钓线对接好呈卧式。当漂立起或下沉时，表示鱼吞饵。

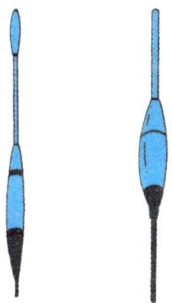

图 4-5-5

3. 球形浮漂（见图 4-5-6）

球形浮漂有圆形和枣形 2 种。这种浮漂的特点是钓力大，常用于钓中上层水域的鱼类，即浮钓。当鱼吞饵时，浮漂下沉。

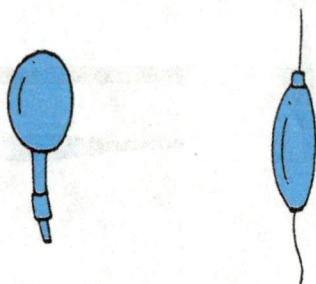

图 4—5—6

4.线浮漂(见图 4—5—7)

线浮漂又称七星漂,由禽类粗羽毛制成的圆形、椭圆形小块或小塑料球串联而成。

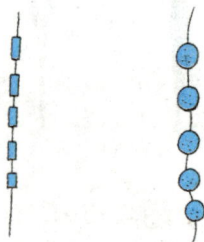

图 4—5—7

三、铅坠

铅坠又叫坠子、沉子和铅陀等。它可以探测水的深浅和水底情况,使钓饵和钓线迅速落入水底,或与相应的浮漂配合,悬于不同的水层。借助铅坠的重量可以把钓饵投到所需要的钓点。铅坠还可以把钓线绷紧,以利于传递鱼吞饵的信息。

第五章　垂钓基本技术

垂钓分为淡水钓和海水钓两类，也可以分为岸钓和船钓。技法有沉底钓、流水钓、浮钓、悬钓等。每一种钓法都有其各自的特点，掌握了这些特点，就能够很好地施展钓技。对于青少年来说，应该好好掌握垂钓的基本技术，从而提高自己的技艺，培养自己的兴趣。

第一节 底钓技术

底钓是将钓饵投于选定的钓点,钓栖息于底层鱼类的一种钓法,分为手竿底钓技术和投竿底钓技术。

一、手竿底钓技术

手竿底钓技术分长线钓法、短线钓法和不带浮漂钓法。

(一)长线钓法

长线钓法包括悬坠钓法和手竿底钓钓法。

1.悬坠钓法

悬坠钓法俗称"甩大鞭",动作方法(见图5-1-1)是:

(1)单手或双手握竿,先慢慢向后悠竿,将钩坠带到身后;

(2)随后适当用力向选定的钓点挥竿,借助竿的弹力将渔钩甩到钓点。

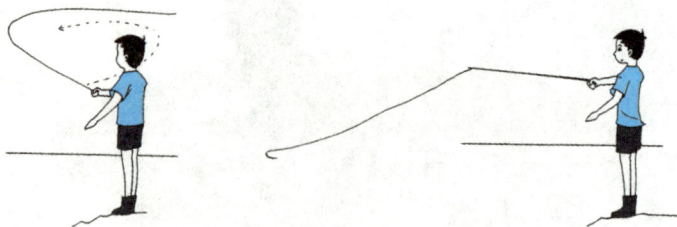

图 5-1-1

2.手竿底钓钓法

手竿底钓钓法的动作方法(见图 5-1-2)是：

(1)右手提竿柄,柄端紧贴肘部,竿体略向下倾斜,竿尖指向钓点,左手捏住钩坠上方的钓线;

(2)然后右手迅速扬竿,左手同时松线,使钩坠在扬竿的瞬间借助竿梢的弹性向前悠出,右手随钩坠的下落将钓竿放在支架上。

图 5-1-2

(二)短线钓法

短线钓法是将渔钩送到钓点的一种钓法,适用于水不太深的淡水水域,优点是钩坠垂直入水,钓饵可准确地落在钓点上,上鱼率极高,动作方法(见图 5-1-3)是：

(1)垂钓前,依据钓点的水深,调准浮漂;

(2)然后用撒窝器准确地把诱饵撒在钓点上。

图 5-1-3

(三)不带浮漂钓法

不带浮漂钓法包括配长线无漂钓法和配短线无漂钓法。

1.配长线无漂钓法

配长线无漂钓法适用于流水域及夜间垂钓,缺点是手总是握着竿,比较累,动作方法(见图 5-1-4)是:

(1)垂钓时把渔钩投向钓点,然后把钓线绷直;

(2)遇到鱼咬钩时,白天可看竿梢颤动或凭手感,夜间只能凭手感,要及时抬竿。

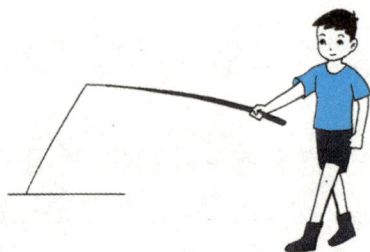

图 5-1-4

2.配短线无漂钓法

配短线无漂钓法就是"看气泡"或"看沫",钓线的长度短于钓竿(线比水深多半米左右为宜)。用此法垂钓的多为鲤鱼,动作方法(见图 5-1-5)是:

(1)在岸边轻移脚步观察鱼情,寻找鱼在水下觅食而泛起的气泡;

(2)发现气泡后迅速将渔钩送往气泡泛起的地方,轻轻沉入水底,然后慢慢提起,轻轻放下;

(3)如此反复数次,诱鱼上钩;

(4)当鱼咬钩时,竿尖因受力而颤动,向下弯曲,根据手感,可判断出上钩鱼的大小,然后及时提竿。

图 5-1-5

二、投竿底钓技术 ❮❮❮❮❮❮❮

使用投竿底钓,最重要的是掌握好投远和投准技术。目前用投竿垂钓的人多数用旋压式绕线轮,也有不少人配以手拨轮。但不论使用哪种绕线轮,投甩的要领和基本姿势大同小异。投甩的方法一般可分为直投法、侧投法和斜投法 3 种。

(一)直投法

直投法又叫过头顶投法,优点是钩和坠能比较准确地落向钓点,在拥挤的钓场用此法投甩不会干扰别人,缺点是挥竿的振幅小,投甩的距离较近。用此法配施压式绕线轮甩投的动作方法(见图 5-1-6)是:

(1)左脚在前,右脚斜后,左脚尖朝向目标,右手握在竿体固定绕线轮支座部位,线轮朝下,扳起拨线架,用食指压住钓线,左手握竿柄端,将竿举过头顶,竿的前端倾向后下方;

(2)然后两眼盯着钓点远方,用蹬腿及腰、背和臂部鞭打力量,协调配合向目标挥竿,当竿挥过头顶时,右手食指松开钓线,将钩坠投出;

(3)当钓饵即将接触水面时,略轻提一下,防止饵坠入水时声音过大而把鱼惊走。

图 5-1-6

（二）侧投法

　　侧投法投竿是指在身体的侧面将竿由下而上斜挥的投法。采用侧投法，竿的振幅大，能充分利用腿、腰、腹、背的力量，投得远，可用于海钓、岩礁钓和大小水库及湖泊等水域的垂钓。缺点是不易投准，右手食指松线的时机不太好掌握，略早或略晚都会偏离目标，在拥挤的钓场或近旁有人的地方投甩要特别小心，以免发生意外。侧投法的动作方法（见图 5-1-7）是：

　　（1）双手握竿的部位及身体的基本姿势与直投法相同，只是在投甩时先将竿引向右后侧，竿的前端略向下倾斜，身体随竿略向右扭转；

　　（2）然后腿部及腰、背协调用力，带动双臂向前上方挥竿，将饵坠投向钓点。

图 5-1-7

（三）斜投法

　　斜投法是介于直投法和侧投法之间的一种投法。这种投法投得远，投掷目标也容易控制，动作方法（见图 5-1-8）是：

　　（1）甩竿动作轻松自然，投甩时随身体转动开始甩竿；

　　（2）在腰扭向目标的同时，右手向前推送钓竿；

　　（3）其他动作方法同直投法和侧投法。

图 5-1-8

第二节 浮钓技术

浮钓是将渔钩悬浮于不同水层,垂钓中下层、中层及上层水体的鱼类,可分为手竿浮钓技术、投竿浮钓技术和延绳浮钓技术等。

一、手竿浮钓技术

根据垂钓鱼所在的水层,可用较大的浮漂施钓不同水层的鱼类。渔钩和鱼饵应距水面 10～50 厘米,要用酸性饲料(钓鲢鱼、鳙鱼)、草叶、蚂蚱、油葫芦(钓草鱼)和蝇虫(钓鳟鱼)等。手竿浮钓技术的动作方法(见图 5-2-1)是:

(1)轻轻走向钓位,保持隐蔽,将渔钩抛向钓点;

(2)不时地轻轻上提,慢慢放下,诱鱼上钩;

(3)当浮漂突然沉入水中时,要快速起竿,将鱼钩牢;

(4)如上钩鱼个体较大,则应保持钓竿的弯弓状态,慢慢遛鱼,不要急于把鱼提出水面,当鱼精疲力竭时,再用抄网把鱼抄上岸来。

图 5-2-1

二、投竿浮钓技术 ❈❈❈❈❈❈❈

投竿浮钓技术的优点是投得远，钓的鱼大，不易跑鱼，可依据不同的水情、鱼情采用多种方法，使渔钩悬浮于不同的水层，作出近似于活饵的各种动作。在海钓和淡水钓中，除用真饵浮钓外，也可用拟饵浮钓食肉性鱼类（见图5-2-2）。

图 5-2-2

三、延绳浮钓技术 ❈❈❈❈❈❈❈

延绳浮钓技术是指不用钓竿，只用一条数十米至百米长的钓线，加上浮漂和渔钩进行垂钓的技术，动作方法（见图5-2-3）是：

（1）垂钓时，将一浮力大的球形浮漂固定在钓线的一端，在钓线上每隔30～50厘米用支线连接一个渔钩（支线长20厘米左右），一共拴几十个甚至上百个渔钩；

（2）在岸上下钩方法有2种：一是顺水流将钓线放出，如在进水口下钩可用此法；二是在线端固定一个带帆的木制小船做浮漂，借助风力将钓线放出。

图 5-2-3

第三节 淡水鱼垂钓技术

淡水鱼种类很多，第三章已经有所介绍，本节主要介绍淡水鱼的主要钓法，供垂钓爱好者学习。

一、鲤鱼垂钓技术

鲤鱼在我国南北方都有。鲤鱼种类较多，如江鲤、红鲤、川鲤、云南鲤、黄河鲤等。钓鲤鱼时钓竿要长、钓线要粗（0.25毫米以上)、渔钩要大。一般手竿的长度在 4.5 米以上(投竿的钩线比手竿略大一个档次)。

用投竿钓鲤鱼时,可用蒸熟的白薯丁、玉米面团或豆饼、玉米面加酒或糖等混合而成的糟食,投放到钓点,饵料要香。鲤鱼被钓住时一般有以下几种表现:向深水处猛窜;迅速腾越出水面,向草里猛扎;伏在水底不动。在垂钓时要注意观察,避免跑鱼。

二、鲫鱼垂钓技术

鲫鱼是数量多、分布广、适应性强、食性广的一种鱼类,别名"鲋"。鲫鱼的种类虽然很多,但生理习性和食性大致都很相近。

钓鲫鱼可用手竿,要求长竿(4.5~8 米)、短细线(0.2 毫米)和小钩等。垂钓时,最好使用单钩。在陌生水域可使用双钩,上一荤一素两种饵料,待摸清鱼情与习性,再换单钩。钓鲫鱼可用玉米面(生熟均可)、酒泡的小米、大米、鸡饲料、鱼饲料、蚕豆粉、黄豆粉、米饭粒、蚯蚓、蝇蚊幼虫(冬钓效果最佳)、各种幼小昆虫、小虾和肥肉丁等。

判断鲫鱼吞钩的方法有 3 种:一是看线,看线的准确性最高,当鱼吞钩牵动钓线时,线从抖动到绷紧或回线,此时提竿,便可得鱼;二是看竿尖,当鱼吞钩时,竿尖会轻轻地点头或抖动(4~5 厘米);三是听铃声,听铃声这种方法适用于垂钓个体比较大的鱼。

三、鲢鱼、鳙鱼垂钓技术

钓鲢鱼的最好季节是 7～9 月份。最简便的钓饵制作方法是将蒸熟的玉米面窝头放在塑料袋里,封好口,在日光下晒上一周,垂钓时可加少量面粉、酒、糖等,使其具有酸腐味道,因为鲢鱼喜食有异味的饵料,如酸食、臭食、烂葱头、蒜泥等。

垂钓时,将配制的鲢鱼钓饵捏在钩柄上,并将钓饵配 50％的麦麸或其他诱饵打窝子。对准诱窝,用长竿(竿要硬些)、短线垂直钓。只要钓线和浮漂晃动,立即提竿。

鳙鱼的生活习性同鲢鱼,垂钓方法也同鲢鱼。

四、青鱼垂钓技术

青鱼在广东和广西称为黑院,在东北称为青根鱼,是四大家鱼之一,栖息于江河、湖泊、水库及养鱼塘水体下层,主食软体动物,是一种大型经济鱼类。3 年可长至 3～4 千克,最大可长到 70 千克以上。青鱼分布很广,在我国主要分布于长江、珠江、黑龙江、淮河的干流及湖泊中。钓饵可用河蚌肉、田螺肉,如没有荤食,也可使用玉米等面食。垂钓既可以用海竿,也可以用手竿。用手竿垂钓,鱼一旦咬钩,浮漂会缓慢浮起,这时提竿必定上鱼。

五、鳜鱼垂钓技术

钓鳜鱼不需要撒诱饵,以小活鱼、小虾、青蛙、陆地上的昆虫及其幼虫为钓饵,效果极佳。垂钓用大号圆形钩。投竿垂钓,竿不要太长,2米以内的短竿即可。在铅坠上拴两只大号的钩,钩间距离为15厘米左右,用活小鱼或泥鳅等为饵。

垂钓时,钩不落底,使作为诱饵的小鱼在水中挣扎游动,引诱鳜鱼上钩。鳜鱼吃食非常猛,当它发现活蹦乱跳的小鱼时,便会猛扑过去,一口把鱼吞进嘴里,这时竿尖的反应不是点头和抖动,而是一下子被拉弯,此时提竿,很少脱钩。

六、武昌鱼垂钓技术

武昌鱼是鲂鱼和鳊鱼的统称,包括形体扁长的长春鳊、草鳊、线鳊和形体扁平的团头鲂、三角纺等两大类。

垂钓武昌鱼要用小钩、细线(0.2~0.25毫米),铅坠要轻些。垂钓时可以使用底钓,一般以离底10~15厘米为宜。在深水区垂钓可拴上下双钩。根据武昌鱼的习性,钓点要选在有草的地方。武昌鱼吃饵动作很轻,多为先送后拖,幅度大、动作快。因为武昌鱼嘴唇薄,所以提竿不可用力太大,否则容易拉破嘴脱钩。垂钓时,见到一大一小、一前一后的鱼影时,即是武昌鱼在吃饵。待浮子一送一拖,就要及时提竿。钓饵以玉米面窝头为主,适当加些麸子和豆饼混合,再加些曲酒制成糟食,效果最好。

第四节 海水鱼垂钓技术

海水鱼种类很多,本节主要介绍一些常见的、也比较容易钓的海水鱼,主要包括淞江鲈鱼、海鳗鱼、带鱼和鱿鱼等的垂钓技术。

一、淞江鲈鱼垂钓技术

白天垂钓最好选在沿海近岸的矶岩畔、与海水相通的河口深水处和河口湾内潮涌良好的水域,夜间则以河口湾内浅水区、堤坝有波浪起伏区以及河口水区为宜。1～3月可选择鲈鱼爱吃的小虾、小鱼、蚌肉为钓饵,也可用仿生饵;4～10月选用青虾、红蚯蚓、陆生昆虫幼虫或红虫等为钓饵。

渔具采用小投竿、细线、中等钩,用串钩或单双钩将其拴在铅坠上方20厘米处,或铅坠下方进行垂钓。当鱼吞饵时,浮漂表现为先缓慢地下沉,隔几秒钟后下沉速度突然加快,这时就要提竿。

二、海鳗鱼垂钓技术

钓竿可用自制的独竹钓竿或2米以内钓力较大的小投竿。渔钩可选用长柄较大的海钓渔钩(以两枚为宜)。由于鳗鱼牙齿锋利,能一口将挂钩上的尼龙丝咬断,因此要用0.3毫米的不锈钢丝挂钩。铅坠挂在钩的下方15厘米处,铅坠的大小视水的深浅而定。如果水深40米,流速不大,可用160～200克的铅坠;如果水深超过40米,按每增加10米水深,铅坠增加40克为准。钓饵可用螺肉、贝肉、沙蚕、乌贼、小冒鱼、金线鱼等。装饵时,钩尖要露在外面。

三、带鱼垂钓技术

带鱼喜欢栖息于 20～40 米深的近海，可根据带鱼的种群和洄游路线选择垂钓场地。带鱼是广食性鱼类，全年都在摄食，对食物没有特别的要求，一般钓饵均可使用。

垂钓时，先将铅坠放到海底，然后逐渐拉上钓线，用手拖动。如此反复拖拉，感觉手沉时，立刻收线，将带鱼拖上船。

四、鱿鱼垂钓技术

鱿鱼白天栖息于水底层，夜间浮于水表层，天晴时靠近岸边，雨多时下沉海底，趋光性强，所以，要根据不同的情况选择钓点。垂钓时一般用 2 米左右的中硬竿，钓饵可用真饵如（如新鲜、嫩脆的小鱿鱼、章鱼、海鳗等），也可以用仿生饵。

钓鱿鱼时，先把渔钩投到海底，将钓线绷紧，并将渔钩提离海底 30 厘米，然后不停地摇动钓竿，使钓饵像活饵似的在水中移动，引鱿鱼上钩。与此同时，钓者按一定速度收线。如果提到水面时没有鱿鱼，可再次将钩放入水中，重复上述动作。在收线时，若突然有重量感，那就是鱿鱼上钩了，此时应快速收线。

第五节 冰钓技术

隆冬季节，我国北方到处是"千里冰封，万里雪飘"的景象，这正是冰钓的好时期。

一、钓点选择 ✿✿✿✿✿✿

好的钓点是冰钓成功的关键。鱼类栖息区的基本条件是向阳、避风、暖和。在流水水域,应选择河流的转弯处,流速缓慢且向阳、水深处或向阳、水深的桥头脚和桥柱脚处。而在静水水域,则要寻找有水草或有枯草根的地方。如湖泊水库,则应在其北岸或西北岸边,如果岸边有山丘则更好。这些地方日照好,且日照时间较长,水温相对高于别处。

二、渔具 ✿✿✿✿✿✿

冰钓对渔具要求不太高。钓竿用结实的竹竿(长1～2米)即可,可配小绕线轮贮线,也可用轻便海竿。在静水中垂钓,一般要求钓线直径为0.2～0.3毫米。若钓个体较大鱼类,钓线应粗些。渔钩不用太大,因为鱼体一般较小。浮漂可选用较灵敏的细杆立漂(长8～12厘米)。因鱼体较小,要求反应灵敏,可使用较小的颗粒铅坠。

三、其他辅助工具 ✿✿✿✿✿✿

冰钓需要凿开冰面再进行垂钓,常用的凿冰工具有冰镩、笊篱和搭钩。

(一) 冰镩 (见图 5-5-1)

冰镩又叫冰穿,长 1~1.2 米,由六角钢或螺纹钢制成,一端磨尖,另一端横焊一钢管,管中插一木棒做手柄,便于镩冰。

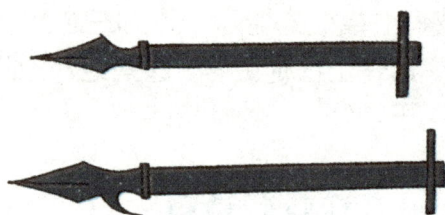

图 5-5-1

(二) 笊篱 (见图 5-5-2)

笊篱是用来捞碎冰的工具。凿冰洞时,需要将碎冰捞走。垂钓时,寒风也易将冰洞水面再冻上一层冰,如不及时捞掉,势必会将浮漂冻住,这时就要用笊篱及时将碎冰捞出。

图 5-5-2

（三）搭钩

搭钩是起鱼工具。当钓到个体较大的鱼时，由于冰洞小，又不能使用抄网，因此可用搭钩钩住鱼体，拉鱼上岸。

四、钓饵

冰钓一般不用诱饵，钓饵以荤饵为主，主要用红虫，也可用蚯蚓、鱼肉、畜肉等代替。对于垂钓凶猛的肉食性鱼类，如狗鱼、哲罗鱼等，以小活鱼为钓饵，效果较好，也可用面食为饵。面饵为白色或红色，再加入少许香油和曲酒，要求色艳、味浓。

五、垂钓方式

冰钓的垂钓方式主要有底钓和浮钓 2 种。

（一）底钓（见图 5-5-3）

底钓是冰钓中较常用的一种钓法，主要用来垂钓鲫鱼、鲤鱼、鳊鱼等底层鱼类，其漂、钩、坠的装配通常与手竿底钓相同。使用底钓时钓者离钓点非常近，浮漂即使有微小的抖动也能看得清清楚楚。钓者可以轻轻上提钓线，诱鱼上钩。若钓者发现浮漂强烈抖动或突然下降、升起，这时就要立即提竿。提竿的力度和幅度要掌握好,不可太猛或太轻。

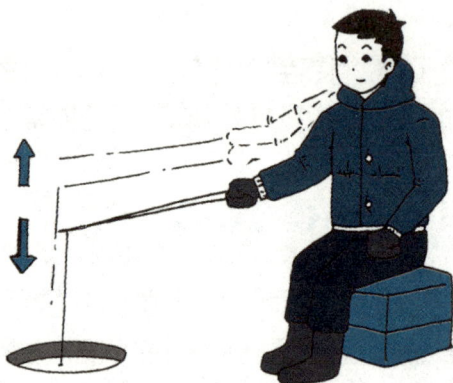

图 5—5—3

(二)浮钓(见图 5—5—4)

　　浮钓对象主要是凶猛的肉食性鱼类。浮钓装不装漂均可,但一定要使渔钩悬浮于水的中下层,轻轻摇动,不能沉底。钓饵可用小活鱼,也可用红虫、蚯蚓等。浮钓时,当肉食性鱼类吞食钓饵时,浮漂会被拉入水中,这时提竿,十拿九稳。

图 5—5—4

第六节 垂钓五要素

　　垂钓的五要素是在长期的实践中总结出来的,初学者如果能以此五要素指导实践,就会很快地成为熟练的钓手。

一、钓竿要轻而韧

　　钓竿轻,便于携带;钓竿韧,有弹性,不易折断。钓竿轻而韧,就能易投、易收、易抬、易放。

二、钓线要细

　　钓线细,用在手竿上反应灵敏,用在海竿上不但反应灵敏,而且可以投得更远。多数钓者,手竿一般使用 0.2 毫米的强力线,海竿一般使用 0.3 毫米或 0.35 毫米的强力线。

三、正确使用渔钩

渔钩应根据鱼的特性进行选择。钓凶猛的鱼类,如黑鱼、鳜鱼时,应选择 7 厘米以上的长把钩,要求钩距宽、钩把长、钩尖锋利,一旦钓获,容易从鱼嘴中取出。钓敏感性的鱼类,如鲤鱼,使用钩尖锋利、钩把与钩距宽 5～7 厘米的短把钩为宜。钓贪食性的鱼类,如刺鱼,宜使用长把钩,因为这种鱼吞钩深,钩把长,取钩方便。钓其他鱼类,为了不使鱼类辨认出渔钩,一般使用钩尖锋利的短把钩,并用饵料伪装,使鱼容易吞食。

四、轻提轻放、避免声响

手竿下钩与抬竿时,动作要特别轻,避免发出响声,以免鱼受惊逃跑。海竿抛出之后,换食不要太勤,否则鱼不敢前来就食。有经验的海竿钓者,选定钓位之后,从第三轮饵料抛出到收竿,不上鱼不换食。第一、二轮饵料半小时换一次,只是为了打窝子。

五、正确选择饵料

饵料的选择是垂钓的重要环节,选择鱼类喜爱的饵料,能产生较强的诱导作用,提高钓获率。

第六章　垂钓比赛规则

垂钓比赛可分为团体赛、锦标赛、对抗赛、单项赛、垂钓大赛、垂钓小赛等多种形式，比赛成绩的计算方法也有多种。

第一节 程序

随着现代社会的发展和人们生活水平的提高,垂钓逐渐被当作一种休闲方式,但垂钓也是一项体育运动,有着特定的比赛程序。

一、参赛办法

(一)比赛项目

比赛项目包括淡水钓赛(手竿)、海钓赛(海竿)和海竿投远、投准比赛等。

(二)比赛形式

垂钓比赛作为一项群众性的体育运动,赢得了越来越多的垂钓爱好者的青睐,常见的比赛形式有以下几种:

1.团体赛

团体赛由各垂钓团体参加,各团体参赛人数相等,团体成绩为各队员成绩的总和。

2.锦标赛

锦标赛是为决出团体冠、亚军和个人冠、亚军而进行的比赛。

3.对抗赛

对抗赛是由两个或多个垂钓团体联合组织的一种比赛,各团体参赛人数相等,最后以计算团体总成绩来确定胜负。

4.单项赛

单项赛是某一个项目的比赛,以这个项目的垂钓成绩决定名次。

5.接力赛

每队出同等数量选手,每次由一位选手参赛,当钓到第一条鱼后,由第二位选手接着钓,直到最后一位选手钓到鱼为止,最先结束者为获胜者。

二、比赛方法

(1)参加比赛的运动员一律凭"准赛证"进入指定的钓位比赛;

(2)在裁判员发令后方可打窝,允许在自己钓位垂直线上打两个窝,必须用工具投放,不许用手直接投放,比赛过程中不得再次打窝,以免影响他人;

(3)淡水钓赛中,每名运动员限用 6.5 米以下手竿 1 支,钓线必须固定在竿的尖端部位, 线的长度不得超过15 米,1~2 支钩,钩的大小不限,但严禁使用锚钩、双尖钩,海钓赛中,每名运动员限用 6.5 米以下的海竿 1 支, 钓线长度不限, 固定在绕线轮上,1~8 支钩,可用模拟钓,抛掷点不得超过左右钓位间的中心线;

(4)参赛时每名运动员可携带同以上规定一致的备用竿一套,换竿时须经裁判员同意,不得双竿同时下水垂钓,违者取消比赛资格；

(5)参赛者一律独立操作，自钓自取，钓获的鱼一律交裁判员过秤，计成绩后统一处理；

(6)参赛者在比赛过程中暂离钓位，须报告裁判员，经同意后方可离位，归位时也应报告裁判员，若发现舞弊者，取消比赛资格；

(7)发出比赛结束信号时，应立即停止垂钓，如钩上有鱼，可在 10 秒钟内将鱼抄起，超过 10 秒钟者不计成绩；

(8)鱼饵原则上自备，大会可提供部分海钓饵料，禁止使用有毒物质(如丁香、山奈、阿魏等)和集鱼器等设备；

(9)参赛者应遵守大会有关规定，发扬良好赛风，提高技艺，增进友谊。

第二节　裁判

垂钓作为一项体育运动发展到今天，已经受到全世界各国人民的喜爱。垂钓比赛越来越规范化、国际化，比赛规则有了很大的改进。

一、裁判员

裁判员是比赛的领导者和监督者。一场垂钓比赛需要由裁判员来进行协调和监督才能够更加规范，更加吸引人。裁判员的职责主要有以下几方面：

(1)裁判员及工作人员赛前应对比赛规则进行学习和训练，根据规则要求，对赛场的水情、鱼情、钓位设置及安全保卫等工作进行检查、落实；

　　（2）裁判员应坚守岗位，维持赛场秩序，秉公裁决；

　　（3）认真做好运动员所钓获鱼的清点、记录工作；

　　（4）对违反规则的运动员，裁判员有权制止，提出警告，直至取消其本局比赛资格；

　　（5）运动员与裁判员发生纠纷时，仲裁组具有最后仲裁权。

二、成绩计算

（一）个人总成绩

　　以每名运动员在淡水钓赛和海钓赛中分别取得的名次相加，积分低者名次列前，如淡水钓第一名（1 分）加海钓第十名（10 分），积分为 11 分。如积分相等，则以各自的最大一尾鱼相比，重者列前，如再相同，则比第二尾、第三尾等。

（二）个人单尾成绩

　　以淡水钓和海钓赛中单尾鱼的重量相比，重者名次列前。如相同则比第二尾、第三尾等。

（三）团体总成绩

　　以各队每名队员的个人总成绩相加，积分低者名次列前。如积分相同，则以各队获鱼的尾数相比，尾数多者名次列前。

第七章　风筝概述

风筝也称纸鸢或纸鹞，是一种历史悠久的民间工艺，而放风筝涉及多门学科知识，是一项高雅而富有情趣的健身运动项目。

第一节 起源与发展

风筝是用线牵引，借助风力放于空中的具有观赏、娱乐和健身功用的飞行器。随着制作工艺水平的不断提高，它逐渐成为一种深受大众喜爱的娱乐消遣活动。

一、起源

风筝的故乡在中国，据说已有 2000 多年的历史，在我国古代曾有用于军事、通信、载人等的记述，后被视为儿童玩具，仅在每年清明节前后放飞，并具有民俗色彩。

大约在 12 世纪前后，风筝传入欧洲。西方科学家利用风筝技术进行了多种科学实验，最著名的是美国莱特兄弟于 1903 年将巨型风筝技术运用于飞行，终于创造出世界第一架以内燃机做动力的飞机。美国华盛顿的史密斯宇航博物馆有一块说明牌："人类最早的飞行器是中国的风筝和火箭。"风筝的发明对世界科学技术的发展及人类文明产生了重大影响，是中华民族向欧洲传播的重大科学发明。

二、发展

伴随着时代的发展，放风筝已风靡全球，成为沟通人类科学、文化和思想感情的桥梁。近 10 余年来，风筝比赛在全球盛行。风筝不仅成为一项新型体育运动项目，而且还成为友谊的"使者"，并具有很强的艺术性。

自 1986 年风筝被正式列入中国国家体育比赛项目之后,各地多次举办国内、国际大赛,从而使风筝运动得到空前发展。各省、市先后成立了一批风筝协会,放风筝也不再是儿童的专利,越来越多的人参与到这项运动中。

第二节 特点与价值

风筝是一种历史悠久的民间工艺,之所以能够经久不衰,盛行全球,与其特点、价值是分不开的。

一、特点

(一)历史性

风筝的历史悠久,源远流长。风筝起源于中国,最早的风筝是由古代哲学家墨子制作的。据《韩非子·外储说》载,墨子"斫木为鹞,三年而成,飞一日而败"。墨子制作的这只"木鹞"就是中国最早的风筝。

(二)传统性

中国风筝问世后,很快被用于测量、传递信息、飞越险阻等军事需要。唐宋时期,由于造纸业的出现,风筝改由纸糊,很快传入民间,成为供人们娱乐的玩具。

(三)群众性

放风筝是一项深受中国人民喜爱的传统体育运动,老少皆宜。由于有雄厚的群众基础,因此中国风筝运动的前景广阔,发展潜力很大。目前,风筝比赛已被列为全国农民运动会的正式比赛项目。

(四)观赏性

放风筝是一种集技巧表演性、艺术观赏性和趣味性为一体的体育运动形式。由于地域的不同,加之受到当地传统文化和民间习俗的影响,其形式和种类繁多,但均以表演、娱乐为目的,充分表现出浓郁的民族特色,具有较高的观赏价值。

二、价值

(一)激发思维,开发智力

众所周知,手巧则心灵,青少年扎制风筝,能培养动手能力和开发智力,同时也丰富了青少年学习与生活的内容,开阔了眼界,使其亲身体会到,只要动手与动脑定会成功,为在今后学习中克服困难增强了信心。

（二）全身锻炼，增强体质

风筝被放入高空，要不断观察其动态，这对青少年来说最能清目，消除视力疲劳，调节视力。同时，为调节风筝在空中的稳定性，需要双手配合，训练手、眼协调能力，也锻炼腕部与手指的灵活性。放风筝这种动脑、动眼、四肢协同的动作，无疑会起到锻炼全身、增强体质的作用。

（三）陶冶情操，娱乐健身

在和煦的阳光下放风筝，仰望蓝天，观赏亲手扎制的风筝在空中翱翔，你会陶醉于大自然之中，享受着放风筝的乐趣，这会给思想、性格、感情以有益的影响，并在娱乐中达到醒脑健身的目的。

第八章　风筝制作

风筝制作的过程就是制作者动脑、动手的过程,所以,学习风筝制作可以使制作者在此过程中身心得到充分锻炼。

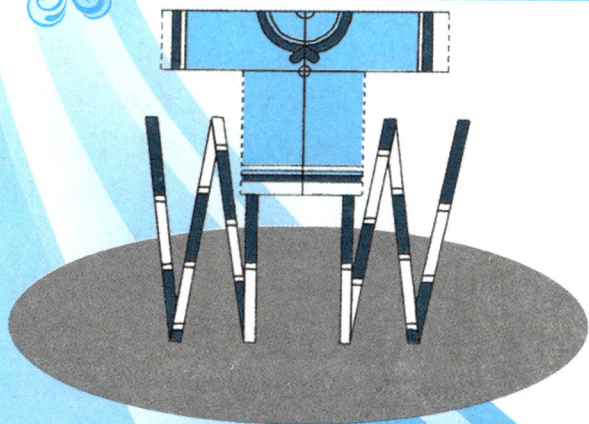

第一节 软板子(软拍子)风筝制作

软板子(软拍子)风筝的骨架为开放式结构，背后用线将整个风筝面拉紧呈弓形，尾部多系有串穗或长绳。

一、两根骨架风筝制作

(一)X形骨架风筝制作

以玩具熊风筝制作为例，说明X形骨架风筝的制作方法。玩具熊风筝制作流程(见图8-1-1)为：

材料

骨架由竹条制成，竹条长短与粗细要适当。

一般制作小型(0.3～0.4平方米)板子类风筝，用2根竹条，每根的厚、宽、长分别为0.4厘米、0.5厘米、50厘米，如用6根，每根的厚、宽、长分别为0.3厘米、0.4厘米、50厘米。

扎制大型(0.95～1平方米)板子类风筝，用2根竹条，每根的厚、宽、长分别为0.8厘米、0.6厘米、100厘米，如用6根，每根的厚、宽、长分别为0.5厘米、0.4厘米、100厘米。

总之，风筝越大，所用竹条越长且粗，反之要短而细些。此外，同样大小的风筝，用竹条多的可酌情略细，装饰竹条应更细，但托架竹条不能过细。制作大型风筝一般用直径7毫米的碳素杆或玻璃钢杆，面料用皮纸、无纺布、绢或尼龙绸。

088

制作方法

将图放大到所需尺寸,剪下面料,彩绘后熨平,竹条交叉处"十"字绑扎,正面涂胶,裱糊面料。为防止四周边缘被撕破,各竹条末端用线连接,再将面料四周边缘涂胶,向背面折叠包线粘糊。因此,裁面料时周边应多出 3.5 毫米,用于粘加固线。

彩绘

可根据个人爱好绘制玩具熊图案。

提线

拴 3 根,上两线拴在两上角,下一线拴在竹条交叉处,提起总纲使上线与风筝形成 85°～90° 夹角,试飞中再调节。

图 8-1-1

(二)"十"字骨架风筝制作

1.海螺风筝制作

海螺风筝制作流程(见图 8-1-2)为:

材料

骨架采用竹条、碳素杆或玻璃钢杆,面料采用皮纸、无纺布、绢或尼龙绸。

制作方法

将图放大到所需尺寸,方法同玩具熊风筝。

彩绘

可根据个人爱好绘制海螺图案。

提线

拴 2 根,上线拴在竹条交叉处与顶端中央,下线拴在纵干竹条下方1/4处的上端,提起总纲使上线与风筝形成85°～90°夹角即可试飞,注意尾部应加飘带。如将横撑条弯成半圆形,制成的风筝效果也很好,特别是下部留空效果更佳,适用于串联放飞。

图 8-1-2

2.四角星风筝制作

四角星风筝制作流程(见图 8-1-3)为:

材料

骨架采用竹条、碳素杆或玻璃钢杆(制作大型风筝用),面料采用无纺布、皮纸、绢或尼龙绸。

制作方法

中小型风筝制作方法同玩具熊风筝。如制作大型风筝,按图裁剪面料,在背面横撑杆经过处缝纫插套管,竖撑杆在面料经过处也缝纫插套管,其两端均缝纫套头。安装时横撑杆插入套管后两端封死,竖撑杆插入套管后,两端再插入套头撑起风筝。

彩绘

可根据个人爱好绘制各种图案。

提线

拴 2 根,方法同海螺风筝,加尾坠即可试飞。

图 8-1-3

二、三根骨架风筝制作

(一)"++"字骨架风筝制作

1.多边形风筝制作

多边形风筝制作流程(见图8-1-4)为:

材料

骨架采用竹条、碳素杆或玻璃钢杆,面料采用彩色尼龙绸、方格加密绸(降落伞用布)或无纺布。

制作方法

将图放大到所需尺寸,剪下面料,在竖撑杆处缝纫两道插套管,其上缝纫4个导流片,顶端再缝纫提线扣。在横撑杆经过的中部,也缝纫插套管,在风筝两侧缝纫插头。竖撑杆插入套管后两端封死,横撑杆穿过中央套管后,两端插入套头撑起风筝。

彩绘

可根据个人爱好绘制各种图案。

提线

拴4根,提起总纲使上两线与风筝形成85°～90°夹角,试飞中进一步调节。

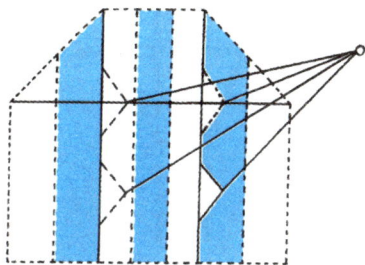

图 8-1-4

2.蝙蝠风筝制作

蝙蝠风筝制作流程(见图 8-1-5)为：

材料

同多边形风筝。

制作方法

将图放大到所需尺寸,在两竖撑杆处各缝纫直角三角形导流片,注意斜边向上游离,两端部缝在一起,打孔作为提线扣,为使翼肩部突起,在翼背侧缝纫 2 个斜撑杆。其他制作方法同多边形风筝。

彩绘

可根据个人爱好绘制蝙蝠图案。

提线

同多边形风筝。

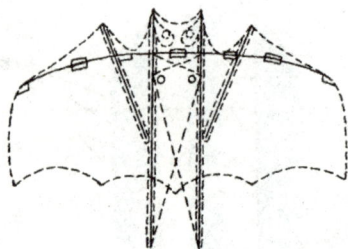

图 8-1-5

(二)丰形骨架风筝制作

1.六边形风筝制作

六边形风筝制作流程(见图 8-1-6)为:

材料

骨架采用竹条、碳素杆或玻璃钢杆,面料采用彩色尼龙绸、方格加密绸或无纺布。

制作方法

将图放大到所需尺寸,剪下面料,在横撑杆经过处缝纫插套管,中央竖撑杆经过处也缝纫插套管,其上下两端缝纫插头。两横撑杆插入套管后两端封死,竖撑杆插入套管后,两端再插入套头撑起风筝。

彩绘

可根据个人爱好绘制各种图案。

提线

拴 2 根,分别拴在上下横撑杆与竖杆交叉处,提起总纲使上提线与风筝形成 85°～90° 夹角，试飞中再进一步调节。

图 8-1-6

2.六角形风筝制作

六角形风筝制作流程(见图 8-1-7)为：

材料

骨架采用竹条、碳素杆或玻璃钢杆，面料采用彩色尼龙绸、方格加密绸或无纺布。

制作方法

同六边形风筝，只是面料裁剪不同。

彩绘

可根据个人爱好绘制各种图案。

提线

拴 2 根，分别拴在上下横撑杆与竖撑杆交叉处，提起总纲使上提线与风筝形成 85°～90° 夹角，试飞中再进一步调节。

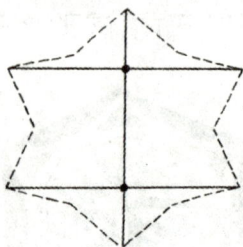

图 8-1-7

3.断腰菱形风筝制作

断腰菱形风筝制作流程(见图8-1-8)为:

材料

骨架采用竹条、碳素杆或玻璃钢杆,面料采用皮纸、无纺布、绢或尼龙绸。

制作方法

将图放大到所需尺寸。制作中小型风筝骨架可用竹条,上下两横撑条"十"字绑扎于竖撑条上,面料用皮纸、无纺布或绢,按图裁剪五边形及三角形两块,彩绘后,周边埋线包粘,裱糊五边形时,其下缘用线绳连接在下三角的上横竹条上,再裱糊下三角形。如制作大型风筝时,面料用尼龙绸,裁剪上下两块面料,四周要包边缝纫,在横、竖撑杆经过处要缝纫插套管,端部缝纫插头或绑扎Y字形插头,上下面料亦用线绳连接。

彩绘

可根据个人爱好绘制各种图案。

提线

拴2根,提起总纲使上线与风筝形成85°～90°夹角,加尾坠即可

096

试飞。

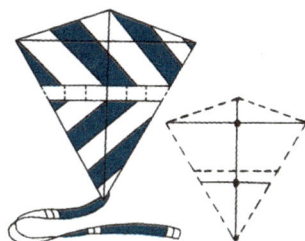

图 8-1-8

4.双蝶争艳风筝制作

双蝶争艳风筝制作流程(见图 8-1-9)为:

材料

骨架采用竹条、碳素杆或玻璃钢杆,面料采用无纺布或尼龙绸。

制作方法

如用竹条可按图双"十"字绑扎,面料用无纺布。如骨架用碳素杆,上下横撑杆可穿入缝纫的套管,两端缝死,中央竖撑杆两端插入插头,如此可拆卸,携带方便。

彩绘

可根据个人爱好绘制双蝶图案。

提线

拴 2 根,提起总纲使上线与风筝形成 85°～100°夹角即可试飞。如有反张角,不加尾坠即可试飞。

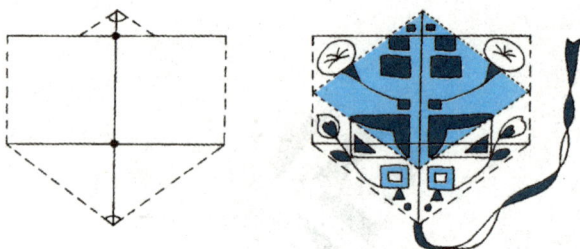

图 8-1-9

5.丹顶鹤风筝

丹顶鹤风筝制作流程（见图 8-1-10）为：

材料

骨架采用竹条、碳素杆或玻璃钢杆，面料采用皮纸、无纺布、绢或尼龙绸。

制作方法

将图放大到所需尺寸。制作小型风筝骨架可用竹条，两横撑条中部向后烤弯，呈 170°夹角，或用绷线按图"十"字绑扎于竖撑条上，面料用皮纸、无纺布或绢，裁剪上下两块面料，可先绘后糊。如制作大型风筝，面料用尼龙绸，在骨架通过处均缝纫插套管，各端均缝纫套头或绑扎"Y"字形插头，上部面料的下方两侧用线绳拉紧绑在下横撑杆的两侧，注意两侧松紧要一致。

彩绘

可根据个人爱好绘制丹顶鹤图案。

提线

拴 2 根，在上下撑条的交叉处，提起总纲使上线与风筝形成85°～90°夹角。

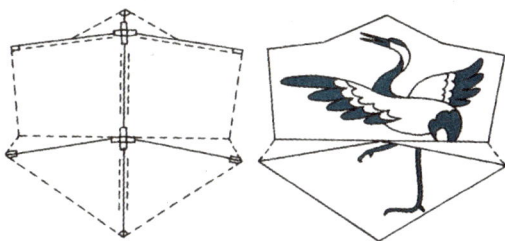

图 8-1-10

三、四根骨架风筝制作

(一)"王"字骨架风筝制作

1.燕鱼风筝制作

燕鱼风筝制作流程(见图 8-1-11)为:

材料

横竹条(厚、宽、长分别为 2 毫米、3 毫米、300 毫米)3 根,纵干竹条(厚、宽、长分别为 2 毫米、3 毫米、450 毫米)1 根,纸,乳白胶。

制作方法

裁剪面料时,周边应多出 3~5 毫米,用于包粘加固线。为使边缘纸折叠包粘方便,应在 3 根横竹条粘糊纸的位置上,画 3 条横线,在横线的两端向内 3~5 毫米处切一小口,3 根竹条正面涂胶,两端从纸背面穿进小孔,伸向两侧。按压竹条使之与纸粘牢,再将中央竖直条粘好。3 根横竹条两侧用细线连接后,用边缘纸后折包线粘牢,上下横竹条同样包粘。为使风筝横向稳定,应绑扎背弓线,即用线先绑在横撑条一端,用力拉,使风筝前面拱起,呈弧形,再将线另一端绑扎在横撑条对端,上中下横撑条均按此法绑扎,使风筝形成反张角,有利于两侧排风,起到横向稳定作用。

彩绘

重墨勾图,红鱼,蓝绿眼,翠绿衬底。

提线

拴 3 根,上两线拴在风筝上两端,下一线拴在纵干竹条下 1 / 3 处的上端,加尾坠即可试飞。

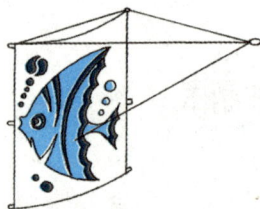

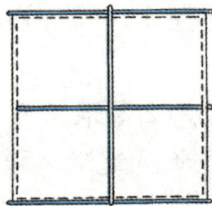

图 8-1-11

2.金鱼风筝制作

金鱼风筝制作流程(见图 8-1-12)为:

材料

同燕鱼风筝。

制作方法

下横撑条缩短,并与中横撑条间距加大,加尾部飘带,其他制作方法同燕鱼风筝。

彩绘

可根据个人爱好绘制金鱼图案。

提线

同燕鱼风筝。

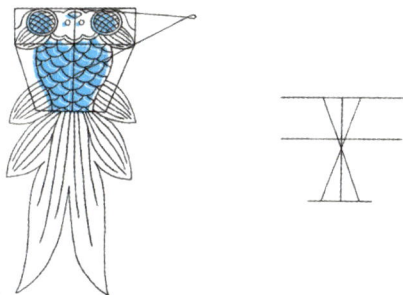

图 8-1-12

3.衣裳风筝制作

衣裳风筝制作流程(图 8-1-13)为:

材料与制作方法同燕鱼风筝,如制作大型风筝,可加"X"字形结构。

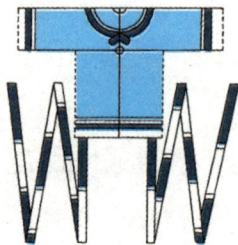

图 8-1-13

(二)丰字骨架风筝制作

1.八卦形(八角形)风筝制作

八卦形(八角形)风筝制作流程(见图 8-1-14)为:

材料

中小型风筝骨架用竹条,面料用皮纸、无纺布或用绢;大型风筝骨架可用碳素杆或玻璃钢杆,面料用尼龙绸。

制作方法

制作中小型风筝,将图放大到所需尺寸,剪裁面料,彩绘后熨平,竹条交叉处"十"字绑扎,正面涂胶,裱糊面料。为防止四周边缘面料被撕破,应将面料周边涂胶,向背面折叠包线粘糊。因此,裁剪面料时应多出 3～4 毫米,用于粘包加固线。

制作大型风筝按图裁剪面料,在面料背面横撑杆经过处缝纫插套管,竖撑杆在面料经过处也缝纫插套管,其上下两端缝纫插头,安装时三横撑杆插入套管后两端封死,竖撑杆插入套管后,两端再插入插头撑起风筝。

彩绘

用皮纸、无纺布或绢为面料时,可绘制各种图案;如用彩色尼龙绸,各种颜色要搭配得当,组成图案,远看十分醒目。

提线

拴 2 根,上线拴在上横竖撑杆交叉处,下线拴在中央交叉处,提起总纲使上线与风筝形成85°～90°夹角,加尾坠即可试飞。此类结构比传统八卦形风筝少 6 根骨架条,因此,更易起飞,尤其是做成插套式方便拆卸,便于携带,颇受风筝爱好者喜爱。

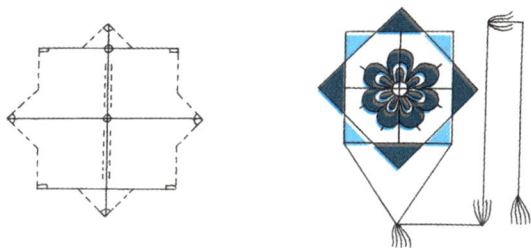

图 8-1-14

2.足球风筝制作

足球风筝制作流程(见图 8-1-15)为:

材料

同八卦形风筝。

制作方法

足球顶部加一弧形装饰条,其他同八卦形风筝。

彩绘

用皮纸、无纺布或绢为面料时,可绘制足球;如用彩色尼龙绸,各种颜色要搭配得当,组成图案,远看十分醒目。

提线

拴 2 根,上线拴在上横竖撑杆交叉处,下线拴在中央交叉处,提起总纲使上线与风筝形成 85°～90° 夹角,加尾坠即可试飞。

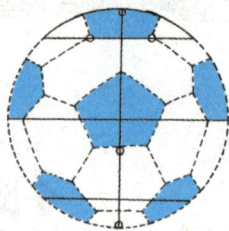

图 8-1-15

3.长八角风筝制作

长八角风筝制作流程(见图 8-1-16)为:

材料

同八卦形风筝。

制作方法

同八卦形风筝,但体形较长,加上飘带尾坠,放飞时稳定性优于八卦形风筝。

彩绘

用皮纸、无纺布或绢为面料时,可绘制各种图案;如用彩色尼龙绸,各种颜色要搭配得当,组成图案,远看十分醒目。

提线

拴 2 根，分别拴在上下十字交叉处。

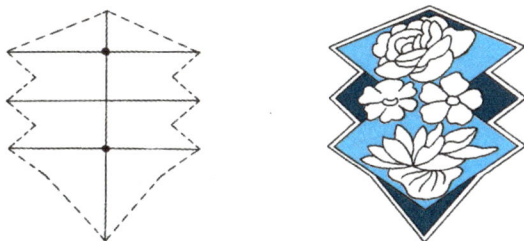

图 8—1—16

（三）多根骨架风筝制作

1.鲨鱼风筝制作

鲨鱼风筝制作流程（见图 8—1—17）为：

材料

中小型风筝骨架采用竹条，面料采用皮纸、无纺布或绢；大型风筝骨架采用碳素杆或玻璃钢杆，面料采用尼龙绸。

制作方法

将图放大到所需尺寸，将竹条弯曲制成头及鳍，纵干竹条上端劈口绑扎在头顶中央，下端劈口"十"字绑扎在下横撑条上。尾鳍弯制成弓形。按图形裁剪面料，用乳白胶粘贴。

彩绘

用皮纸、无纺布或绢为面料时，可绘制鲨鱼；如用彩色尼龙绸,各种颜色要搭配得当,组成图案,远看十分醒目。

提线

拴 2 根,提起总纲使上线与风筝形成 90°夹角,试飞中进一步调节。

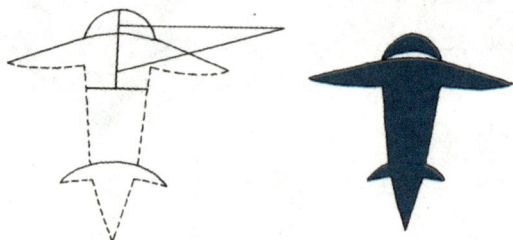

图 8-1-17

2.天鹅风筝制作

天鹅风筝制作流程(图 8-1-18)为:

材料

中小型风筝骨架采用竹条,面料采用皮纸、无纺布或绢;大型风筝骨架采用碳素杆或玻璃钢杆,面料采用尼龙绸。

制作方法

制作中小型风筝,将图放大到所需尺寸,按图"十"字和交叉绑扎框架,可先彩绘后裱糊。制作大型风筝,按图裁剪面料,周边要包边缝纫,在撑杆经过处缝纫插套管,端部缝纫插头或绑扎"Y"字形插头,便于拆卸。如将横撑杆向后弯成反张角,加上飘带尾坠,放飞时对风的适应度更大。

彩绘

用皮纸、无纺布或绢为面料时,可绘制天鹅;如用彩色尼龙绸,各种颜色要搭配得当,组成图案,远看十分醒目。

提线

拴 3 根,拴于图中的画圈处,使上两线与风筝形成 85°～90°夹角。

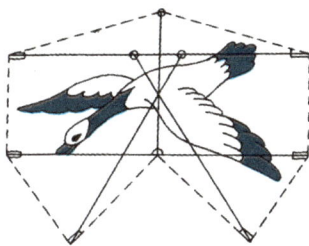

图 8-1-18

第二节 硬板子(硬拍子)风筝制作

硬板子(硬拍子)风筝的四周均由骨架封闭制成,受风时不变形,尾部都系有串穗或长绳。

一、矩形(方形)风筝制作

矩形(方形)风筝制作流程(见图 8-2-1)为:

材料

上横竹条(厚、宽、长分别为 2 毫米、4 毫米、300 毫米)1 根,下横竹条(厚、宽、长分别为 1 毫米、4 毫米、300 毫米)4 根,中央竖竹条(厚、宽、长分别为 2 毫米、4 毫米、450 毫米)1 根,两侧竖竹条(厚、宽、长分别为 1 毫米、4 毫米、450 毫米)4 根,宣纸,乳白胶。

制作方法

裁剪宣纸呈长 458 毫米、宽 308 毫米的矩形。在正面彩绘、熨平。用铅笔在背面画出竹条粘贴线,在横线两端各留出 4 毫米切口,能使横竹条插入伸向两侧,便于边缘纸折包两侧竹条。纵干竹条可不伸出,用上下纸边包粘,顺序是先粘横竹条,后粘竖竹条,最后折纸边包粘四周,使上下端平齐,两侧伸出横竹条的端部,用于绑扎反张线,使风筝前弓后弦,有利于水平稳定。

彩绘

可绘制人物、动物、花卉等各种图案,以色彩鲜艳、对比度强为宜。

提线

拴 6 根,上两线拴在上部两端,中央两线分别拴在第二、第三横竹条与中纵干竹条交叉处,下两线平行,分别拴在第四横竹条与侧纵干竹条交叉处,提起总纲使上两线与风筝形成约 85° 夹角,加尾坠即可试飞。

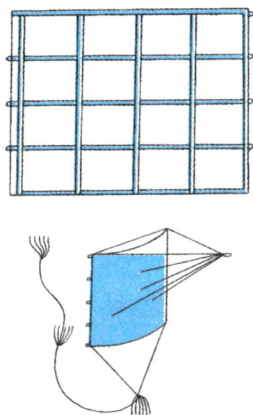

图 8-2-1

二、南通板鹞风筝制作

南通板鹞风筝制作流程(见图 8-2-2)为:

材料

纵干竹条(厚、宽、长分别为 2 毫米、3 毫米、500 毫米)3 根,中横竹条(厚、宽、长分别为 2 毫米、3 毫米、500 毫米)1 根,上下横竹条(厚、宽、长分别为 2 毫米、3 毫米、250 毫米)各 1 根,斜撑竹条(厚、宽、长分别为 2 毫米、3 毫米、350 毫米)4 根,面料采用皮纸、无纺布、绢或尼龙绸。

制作方法

取上下横竹条与 2 根纵干竹条,末端"十"字绑扎成长方形,再取 1 根纵干竹条,两端分别与上下横竹条中点"十"字绑扎,再将中横竹条中点与中间纵干竹条中点"十"字绑扎,构成"田"字,最后将 4 根斜撑竹条的末端分别与中央"十"字骨架末端相交,用线绑扎成正方形。长方形与正方形构成六角形板鹞。扎完后应复查,上下左右要对称,各交叉处均应用线绑扎,并用胶固定。

彩绘

自行设计图案,用单色或多色均可。可在周边三角区域的中央圆心内,绘制花、鸟、鱼及人物等图案,或用剪纸图案粘贴。

提线

一般拴 3 根,在上端两角各拴 1 根,中央拴 1 根,提起总纲使上线与风筝形成 85°～90°夹角,加"Y"字形尾坠即可试飞,试飞中进一步调节提线。

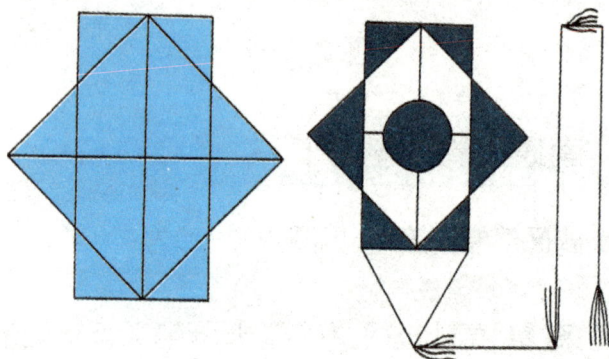

图 8-2-2

三、七连星风筝制作

七连星风筝制作流程(见图 8-2-3)为:

材料

纵干竹条(厚、宽、长分别为 3 毫米、3.5 毫米、720 毫米)3 根,两侧竖竹条(厚、宽、长分别为 2 毫米、2.5 毫米、240 毫米)2 根,横竹条 AB、MN(厚、宽、长分别为 2 毫米、2 毫米、360 毫米)各 1 根,横竹条 CD、KL（厚、宽、长分别为 2 毫米、2.5 毫米、480 毫米）各 1 根，横竹条 EF、IJ（厚、宽、长分别为 2.5 毫米、3 毫米、600 毫米）各 1 根，中横竹条 GH（厚、宽、长分别为 3 毫米、3.5 毫米、720 毫米）1 根，侧角 C、G、K、D、H、L 竹条（厚、宽、长分别为 2 毫米、2 毫米、340 毫米）6 根，面料采用皮纸、无纺布、绢或尼龙绸。

制作方法

按图取上下横竹条 AB、MN 与 2 根纵干竹条末端呈直角"十"字绑扎，构成长方形，另 1 根纵干竹条两端分别与 AB、MN 竹条中点"十"字绑扎，将中横竹条 GH 中点与 3 根纵干竹条中点"十"字绑扎，将横竹条 CD 中点与纵干竹条的 1/6 交界处绑扎，EF 竹条中点与纵干竹条的 2/6 交界处绑扎，按此方法将 IJ 与 KL 竹条分别绑扎在纵干竹条下部，EF 与 IJ 竹条两端绑扎竖竹条。最后烤弯 6 根侧竹条呈直角，按图分别绑扎在 C、G、K、L、H 及 D 处，竹条端部绑扎于横竹条上。

彩绘

可根据个人爱好绘制各种图案。

提线

尾坠与提线拴法同南通板鹞风筝。

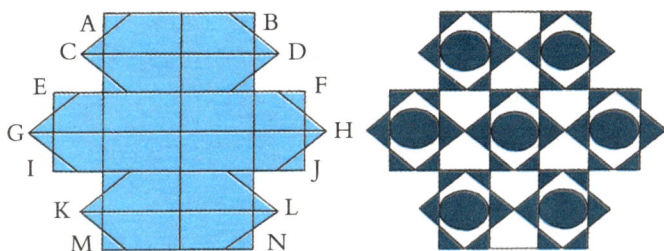

图 8-2-3

四、单圆(钟)风筝制作

单圆(钟)风筝制作流程(见图 8-2-4)为:

材料

圆形竹条(厚、宽、长分别为 2 毫米、1 毫米、1260 毫米)1 根,交叉竹条(厚、宽、长分别为 2.5 毫米、2.5 毫米、400 毫米)2 根,面料采用宣纸、无纺布、绢或尼龙绸。

制作方法

竹条烤弯呈圆形斜口绑扎,中央交叉竹条劈口绑扎在圆框上。面料彩绘后裱糊。

彩绘

用宣纸、无纺布、绢或尼龙绸时,可绘制钟表;如用彩色尼龙绸,各种颜色要搭配得当,组成图案,远看十分醒目。

提线

拴 2～3 根,加尾坠即可试飞。拴 2 根,上线拴在顶部中央,下线拴在中心;拴 3 根,上两线拴在交叉条的顶端,下线拴在中心,提起总纲使上线与风筝形成 85°～90° 夹角。

图 8-2-4

五、双圆风筝制作

(一)不倒翁风筝制作

不倒翁风筝制作流程(见图 8-2-5)为:

材料

头竹条(厚、宽、长分别为 2 毫米、1.5 毫米、515 毫米)1 根,体竹条(厚、宽、长分别为 2.5 毫米、2 毫米、820 毫米)1 根,中央竖竹条(厚、宽、长分别为 2 毫米、3 毫米、800 毫米)1 根,交叉竹条(厚、宽、长分别为 2 毫米、2 毫米、790 毫米)2 根,面料采用宣纸、无纺布、绢或尼龙绸。

制作方法

烤弯头、体竹条,两端对结绑扎成圆形,头、体竹条略重叠,绑扎"米"字形竹条。

彩绘

可根据个人爱好绘制不倒翁图案。

提线

拴 2 根,上线拴在头部中央,下线拴在体中央略下处,上线略短于下线,加尾坠即可试飞。

图 8-2-5

（二）熊猫风筝制作

熊猫风筝制作流程（见图 8-2-6）为：

材料

同不倒翁风筝。

制作方法

同不倒翁风筝，但需增加耳、肩及足部半圆形装饰竹条。

彩绘

可根据个人爱好绘制熊猫图案。

提线

拴 2 根，上线拴在头部中央，下线拴在体中央略下处，上线略短于下线，加尾坠即可试飞。

图 8-2-6

六、双圆横担(双钱)风筝制作

双圆横担(双钱)风筝制作流程(图 8-2-7)为:

材料

环形竹条(厚、宽、长分别为 2 毫米、1 毫米、1260 毫米)2 根,竖竹条(厚、宽、长分别为 2 毫米、2 毫米、400 毫米)2 根,横担竹条(厚、宽、长分别为 3 毫米、3 毫米、2400 毫米)1 根,面料采用皮纸、无纺布、绢或尼龙绸。

制作方法

按图将两环形竹条绑扎固定,中间用横担竹条通过圆心,绑扎在骨架圆的迎风面,左右长度相等。

彩绘

可根据个人爱好绘制双钱图案。

提线

同熊猫风筝。

图 8-2-7

七、四圆(蝴蝶)风筝制作

四圆(蝴蝶)风筝制作流程(见图 8-2-8)为:

材料

上圆竹条(厚、宽、长分别为 2 毫米、1.5 毫米、950 毫米)2 根,下圆竹条(厚、宽、长分别为 2 毫米、1.5 毫米、610 毫米)2 根,纵干竹条(厚、宽、长分别为 2 毫米、2 毫米、600 毫米)1 根,斜撑竹条(厚、宽、长分别为 2 毫米、2 毫米、740 毫米)2 根,面料采用宣纸、无纺布、绢或尼龙绸。

制作方法

按图将大小四圆绑扎固定,再将由纵干竹条和斜撑竹条组成的"米"字形竹条分别绑扎在四圆的框架上。

彩绘

可根据个人爱好绘制蝴蝶图案。

提线

拴 3 根,拴于图中画圈处,尾部加 2 米长飘带。

图 8-2-8

八、六圆（梅花）风筝制作

六圆（梅花）风筝制作流程（见图 8-2-9）为：

材料

花瓣竹条（厚、宽、长分别为 1.5 毫米、1 毫米、720 毫米）5 根，花蕊竹条（厚、宽、长分别为 1 毫米、1 毫米、320 毫米）1 根，纵干竹条（厚、宽、长分别为 2 毫米、2.5 毫米、500 毫米）1 根，交叉竹条（厚、宽、长分别为 2 毫米、2 毫米、600 毫米）2 根，面料采用宣纸、无纺布、绢或尼龙绸。

制作方法

按图将 6 个圆形排成梅花状，用线绑扎固定，再将"米"字形排列竹条分别绑扎在各圆形框架上，面料彩绘后裱糊。

彩绘

可根据个人爱好绘制梅花图案。

提线

拴 2～3 根，方法同四圆（蝴蝶）风筝，加尾坠即可试飞。

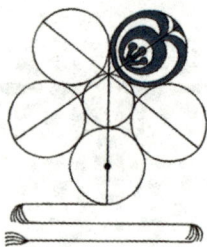

图 8-2-9

九、七连环风筝制作

七连环风筝制作流程（见图 8-2-10）为：

材料

骨架采用竹条,面料采用皮纸、无纺布或绢。

制作方法

先画 1 个大圆,将圆周分为 6 等份,在圆周上相对两点通过圆心连线,并延长形成 3 个交叉线,即主干线。再用大圆半径的一半长,在大圆心及大圆周上的 6 个点处,各画出小圆,形成中央 1 个圆,外周 6 个小圆。用 3 根竹条中央"十"字绑扎,7 根细竹条弯成正圆形,按图将竹条相交处绑扎。面料可先彩绘后糊。

彩绘

可根据个人爱好绘制各种图案。

提线

拴 3～5 根,拴 3 根为上 2 下 1,拴 5 根为上 2 下 3,提起总纲使上线与风筝形成 85°～90°夹角,加尾坠即可试飞。

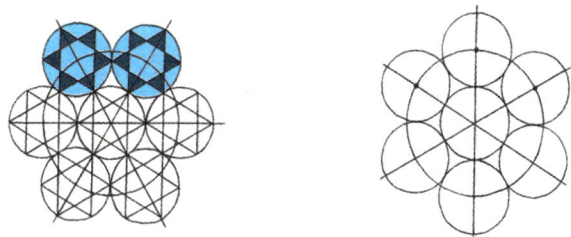

图 8−2−10

十、七六角星风筝制作

七六角星风筝制作流程（见图 8−2−11）为：

材料

骨架采用竹条，面料采用皮纸、无纺布或绢。

制作方法

在 7 个连环框架的基础上，将周边 6 个圆的外侧与主干线交接，各点要间隔相连，呈大六角形。同样，在内圆与主干线相交处，也要隔点相连，并延长其线至周边外圆。最后将周边 6 个圆的余下两点相连，即完成了 7 个六角星的构图。骨架绑扎是用 3 根较粗竹条，作为主干条。再用较细竹条，4 长 2 短为 1 组，共 3 组。一组垂直摆放，中央 4 长竹条，两侧各 1 短竹条。另两组斜交叉摆放，均为中央 4 长竹条，两侧为短竹条。竹条交叉处均应用线绑扎固定。裱糊后彩绘。

彩绘

可根据个人爱好绘制各种图案。

提线

拴 3～5 根,拴 3 根为上 2 下 1,拴 5 根为上 2 下 3,提起总纲使上线与风筝形成 85°～90° 夹角,加尾坠即可试飞,试飞中进一步调节。

图 8-2-11

第三节 硬翅风筝制作

凡翅膀上下方均有竹条者,都属于硬翅风筝,硬翅风筝的题材十分丰富。

一、燕(沙燕)风筝制作

燕(沙燕)风筝制作流程(见图 8-3-1)为:

材料

头腹竹条(厚、宽、长分别为 2 毫米、2.5 毫米、560 毫米)1 根,翅竹条(厚、宽、长分别为 3 毫米、6 毫米、560 毫米)2 根,尾竹条(厚、宽、长分别为 3 毫米、5 毫米、390 毫米)1 根,面料采用皮纸、无纺布、绢或尼龙绸。

制作方法

取头腹竹条用酒精灯或蜡烛烤成"U"字形,翅竹条从基部1／3处向末端逐渐削薄,再将竹条对半劈开,基部相接呈上下翅竹条,尾竹条对半劈成两半,基部绑扎在腹竹条中点,斜向对侧用线绑扎在下翅竹条与腹竹条交界处。将上下翅竹条末端交叉用线横向绑扎,再用约 700 毫米长的线一端系在交叉处,然后拉向腹竹条,使上下翅竹条向后呈弧形弯曲,拉线在腹竹条中点绕一圈,使拉线与翅竹条基部呈 20°夹角,再将拉线拉到另侧腹竹条绕一圈,线端系在另侧翅竹条末端交叉处,勒紧形成与对侧相同的弧形弯曲。

骨架扎妥后,检查两侧是否对称,先糊一侧翅膀,把裁好的面料横向对折,折线两端各剪一小口,面料在翅竹条后面,折线紧贴拉线(绷线),一端小口沿线拉至翅膀端,另一端小口沿线至腹竹条中点,把面料从上下翅竹条内侧拉上,贴在翅竹条内侧。裱糊时先粘翅膀末端,再粘翅中央基部,再粘膀基部的上下端,最后各点间自然拉直,如此再裱糊另侧翅膀。

彩绘

阴干后彩绘,可按传统沙燕图案绘制,要求线条流畅,色彩对比分明,色泽鲜艳和谐。为了彩绘方便,一般先彩绘后裱糊。

提线

用 1550 毫米长的放线,一端拴在上翅竹条中央,另一端拴在下翅竹条中央,提起总纲使前提线与风筝形成 85°～90°夹角。如拴 3 根,先用 400 毫米长放线,两端分别拴在头与上翅竹条交界处,拉起线的中部,使两侧等长,打一结,再取 400 毫米长放线,一端拴在结上,另端拴在下翅竹条的中点,提起总纲使上提线与风筝形成 85°～90°夹角,试飞中进一步调节。一般 3 根提线效果更佳。

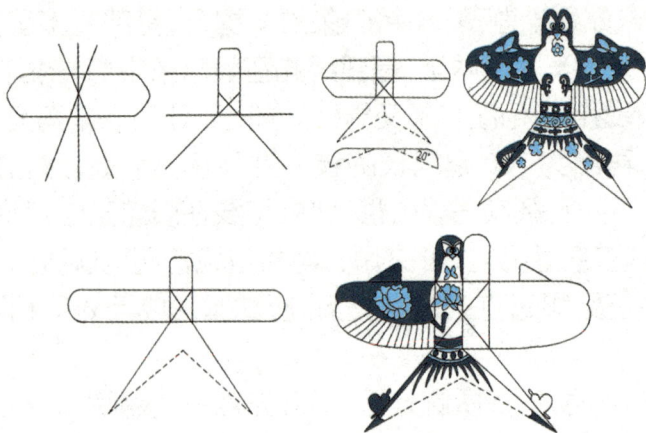

图 8-3-1

二、雀鹰风筝制作

雀鹰风筝制作流程(见图 8-3-2)为:

材料

头、腹、尾竹条(厚、宽、长分别为 5 毫米、5 毫米、420 毫米)1 根,翅竹条(厚、宽、长分别为 5 毫米、5 毫米、500 毫米)1 根,翅前缘装饰竹条(厚、宽、长分别为 4 毫米、4 毫米、130 毫米)1 根,面料采用皮纸、无纺布、绢或尼龙绸。

制作方法

翅竹条修刮、对劈、对接、绑扎、绷线同燕(沙燕)制作。取头、腹、尾竹条按图将两端分别烤弯成头、腹、尾部形状,对劈后对接绑扎成雀鹰体部框架,将其绑扎在翅竹条中部,校正后裱糊。

彩绘

阴干后彩绘,可按传统雀鹰图案绘制,要求线条流畅,色彩对比分明,色泽鲜艳和谐。为了彩绘方便,一般先彩绘后裱糊。

提线

同燕(沙燕)风筝。

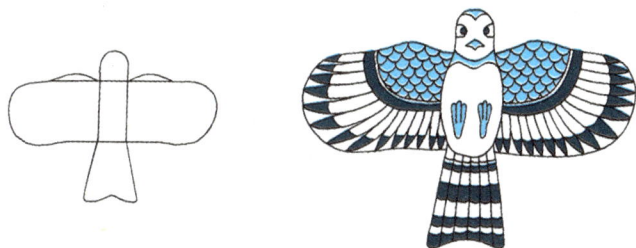

图 8-3-2

三、鲶鱼风筝制作

鲶鱼风筝制作流程(见图 8-3-3)为:

材料

翅竹条(厚、宽、长分别为 2 毫米、4 毫米、350 毫米)4 根,纵干竹条(厚、宽、长分别为 2 毫米、2.5 毫米、350 毫米)2 根,交叉竹条(厚、宽、长分别为 2 毫米、2 毫米、350 毫米)2 根,头竹条(厚、宽、长分别为 2 毫米、2 毫米、330 毫米)1 根,须子竹条(厚、宽、长分别为 1.5 毫米、1.5 毫米、150 毫米)2 根,面料采用宣纸、无纺布、绢或尼龙绸。

制作方法

同燕(沙燕)风筝制作,有长飘带飞翔效果好。

彩绘

按鳜鱼图案彩绘,要求线条流畅,色彩对比分明,色泽鲜艳和谐。为了彩绘方便,一般先彩绘后裱糊。

提线

同燕(沙燕)风筝。

图 8-3-3

四、凤凰风筝制作

凤凰风筝制作流程(见图8-3-4)为:

材料

翅竹条(厚、宽、长分别为 2.5 毫米、5 毫米、450 毫米)4 根,纵干竹条(厚、宽、长分别为 2.5 毫米、3 毫米、500 毫米)1 根,交叉竹条(厚、宽、长分别为 2 毫米、2.5 毫米、400 毫米)2 根,头部上下竹条(厚、宽、长分别为 2 毫米、2 毫米、150 毫米)2 根,颈部竹条(厚宽长分别为 2 毫米、2 毫米、150 毫米)2 根,面料采用宣纸、无纺布、绢或尼龙绸。

制作方法

同燕（沙燕）风筝制作。

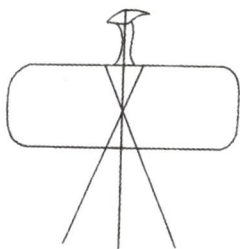

彩绘

可按传统凤凰图案彩绘，要求线条流畅，色彩对比分明，色泽鲜艳和谐。为了彩绘方便，一般先彩绘后裱糊。

提线

同燕（沙燕）风筝。

图 8-3-4

五、硬翅飞机风筝制作

硬翅飞机风筝制作流程（见图 8-3-5）为：

材料

头腹纵干竹条（厚、宽、长分别为 2 毫米、3 毫米、380 毫米）2 根，翅竹条（厚、宽、长分别为 3 毫米、3 毫米、560 毫米，中央 1／3 处厚 3 毫米，向两侧逐渐削薄，至两端厚 1 毫米）2 根，尾竹条（厚、宽、长分别为 2 毫米、3 毫米、230 毫米）2 根，尾叉末端垂直竹条

（厚、宽、长分别为 2 毫米、3 毫米、120 毫米）2 根，翅前缘"八角"竹条（厚、宽、长分别为 2 毫米、2 毫米、80 毫米）2 根，面料采用宣纸、皮纸或绢。

制作方法

同燕（沙燕）风筝。

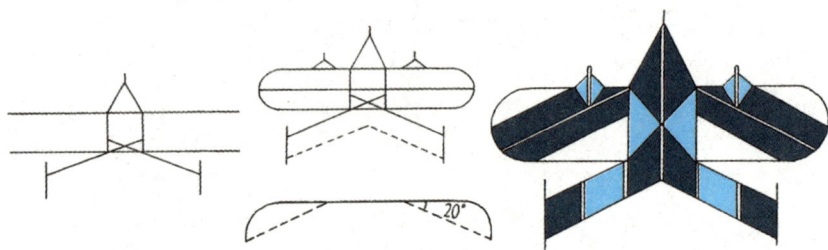

彩绘

可根据个人爱好绘制各式飞机图案。

提线

同燕（沙燕）风筝。

图 8-3-5

第四节 软翅风筝制作

软翅风筝主要由躯体和翅膀组合而成。软翅，即翅的下缘无骨架，呈游离状，翅较软，故称软翅。此类风筝除形象逼真、飞翔效果好外，可以拆卸组装，携带方便，故为广大风筝爱好者所喜爱。

软翅风筝的题材包括飞禽、昆虫等,下面以凤凰风筝的制作为例, 说明软翅风筝的制作方法。凤凰风筝制作流程(见图 8-4-1)为:

材料

头、颈、体竹条(厚、宽、长分别为 5 毫米、6 毫米、650 毫米)2根,前侧纵干竹条(厚、宽、长分别为 2.5 毫米、3 毫米、750 毫米)1根,头顶正中部竹条(厚、宽、长分别为 2 毫米、2 毫米、100 毫米)1根,头顶部围竹条(厚、宽、长分别为 2 毫米、2 毫米、150 毫米)1根,头、颈侧干竹条(厚、宽、长分别为 1.5 毫米、1.5 毫米、300 毫米)2根,颈围竹条上、中、下(厚、宽、长分别为 1.5 毫米、1.5 毫米、150 毫米,1.5 毫米、1.5 毫米、155 毫米,1.5 毫米、1.5 毫米、160 毫米)各 1 根,胸横撑竹条(厚、宽、长分别为 2 毫米、2 毫米、200 毫米)1 根,下腹横撑竹条(厚、宽、长分别为 2 毫米、2 毫米、160 毫米)1 根,尾基竹条(厚、宽、长分别为 2 毫米、2 毫米、120 毫米)2 根,翅前缘竹条(厚、宽、长分别为 7 毫米、5 毫米、800 毫米)2根,翅立柱竹条(厚、宽、长分别为 4 毫米、4 毫米、380 毫米)2 根,翅斜中撑竹条(厚、宽、长分别为 4 毫米、4 毫米、400 毫米)2 根,面料采用无纺布、绢或尼龙绸。

制作方法

将图放大到所需尺寸,弯制竹条可采用楔接法。头冠及足如不用竹条可用泡沫塑料刻制。体部可小块裱糊后彩绘,翅膀可先绘后糊。

彩绘

可按传统凤凰图案绘制,要求线条流畅,色彩对比分明,色泽鲜艳和谐。眼可不画用义眼代替。为了彩绘方便,一般先彩绘后裱糊。

提线

拴 2～3 根,尾部加飘带起飞效果好。

图 8-4-1

第五节 龙类风筝制作

多数龙类风筝是三线连接,要求三线平衡、长度相等、松紧相同。

下面以龙头蛇风筝制作为例,说明龙类风筝的制作方法。龙头蛇风筝制作流程(见图 8-5-1)为:

材料

骨架采用竹条,面料采用皮纸、无纺布或绢。

制作方法

骨架用 3 根竹条,1 竖 2 横,"十"字绑扎,方法同前述的六边形。裁剪上下面料各 1 片,一侧平直,一侧呈弧形。两侧面料按图左侧外虚线裁剪,一侧面料呈扇形,裱糊时先粘贴内侧于纵干竹条上,再粘贴上、下横撑条,外侧面料游离,向后凹陷,似硬翅沙燕的风兜。最后裱糊上下两端。

彩绘

可按传统龙头蛇图案绘制，要求线条流畅、色彩对比分明、色泽鲜艳和谐。为了彩绘方便，一般先彩绘后裱糊。

提线

拴 3 根于图中的画圈处。放飞时挂上龙头，放飞中进一步调节提线。

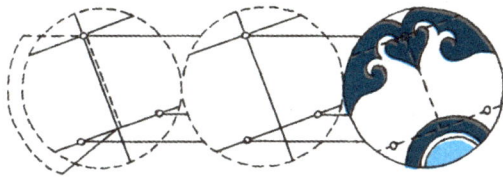

图 8—5—1

第六节 软体风筝制作

软体风筝是由绸布或尼龙布缝制而成，通体没有骨架，其结构复杂，制作难度大，但放飞效果好，有强烈的立体感和真实感。

下面以鲸鲨软体风筝制作为例，说明软体风筝的制作方法。鲸鲨软体风筝制作流程（见图 8—6—1）为：

材料

最好用方格加密绸（降落伞布），如无此种面料，可用尼龙绸或防雨绸。

制作方法

将图放大到所需尺寸,按图剪裁面料,但背、腹面料要上宽下窄,末端分叉作尾部,体中部两侧剪出小圆孔,缝上叶片状的鳍。

彩绘

可根据个人爱好绘制鲸鲨图案。

提线

拴 3 根,线长为体长的 3 倍。

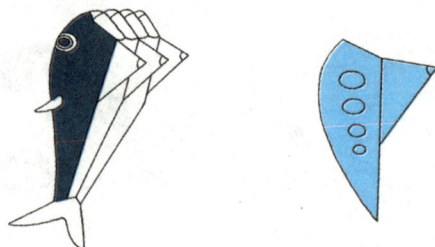

图 8-6-1

第七节 立体风筝制作

立体风筝一般采用折叠结构的骨架,由一个或多个圆筒或其他的筒状结构组成。

下面以交错排列三角筒带翼立体风筝制作为例,说明立体风筝的制作方法。交错排列三角筒带翼立体风筝制作流程(见图8-7-1)为:

材料

骨架采用竹条、碳素杆或玻璃钢杆,面料采用尼龙绸。

制作方法

两侧翼杆和后撑杆用碳素杆。两侧翼杆在上 1／3 处安装"卜字形三通",将竖撑杆和两侧翼杆(包括"三通")插入套管内,最后将横撑杆插入"三通"的横向管内,从而撑起三角翼。

彩绘

可根据个人爱好绘制各种图案。

提线

拴在每个三角筒的上缘,提起总纲使上线与风筝形成 85°～90°夹角,不加尾坠即可试飞。

图 8-7-1

第八节 串类风筝制作

串类风筝不是一种特制的风筝,而是将几个乃至几百个单个风筝用放线连在一起放飞。

下面以枝连风筝制作为例,说明串类风筝的制作方法。枝连风筝制作流程(见图 8-8-1)为:

材料

几个乃至几百个的单个风筝。

制作方法

枝连风筝,即像树一样把每个风筝分枝连接。

彩绘

可根据个人爱好绘制各种图案。

提线

每只风筝拴放线 2～4 米,每只风筝间隔 4 米以上,绑在总放线上。

图 8－8－1

第九章　风筝放飞

虽然风筝的放飞很容易实现，但要想将它放得更好，则需要了解并掌握其放飞技术。

第一节 放飞前准备

对风筝爱好者来说,如果想放好风筝就一定要做好放飞前的准备工作,因为放飞前准备工作的好坏决定了放飞过程的成败。放飞前准备包括:

(1)认真检查风筝的各零部件是否齐全,绑扎部位是否松动、脱落,提线拴得是否正确,放线是否对号、有无损伤与打结,特别是长期放置的风筝,有时因受潮或挤压、虫蛀等,易使风筝变形,如发现损坏,应及时予以修理;

(2)携带少量修理材料及简单工具,如面料、竹条、透明胶纸、黏结剂、刀、剪、镊子及针线等,以便现场修理;

(3)为防止放线拉伤手指,应戴上手套,阳光强烈时可戴上太阳镜。

第二节 放飞时间与场地

放飞前要了解天气情况,一般各类风筝均不能"全天候"放飞,2～5级风较为适宜。因此,放飞之前要观察天气,判定风级,以便携带与风级相应的风筝。

放飞场地应选择广阔的郊区或较大的广场、运动场,以下地区和气象条件不能放风筝:

(1)有电线,特别是有高压线及电视塔的地方;

(2)街道、公路与铁路旁;

（3）飞机场附近；

（4）有雾、雨，特别是雷雨天，均不能放风筝，更不能用带有金属丝的线放风筝，以防将雷电引向自身；

（5）有大树及高层建筑物的地方。

第三节 放飞工具

放飞工具包括放线工具和缠线工具，由于风筝大小不同，风级不一，因此放飞工具的选择非常重要。

一、放线工具

（一）放线工具

为使放飞效果好，应尽量用细线，但要结实、耐磨、耐拉，常见的有以下几种：

1.尼龙线（胶丝线）

尼龙线为单股，强度大，弹性好，迎风阻力小，适合放风筝。

2.聚氯乙烯线

聚氯乙烯线为多股，可分为 3、6、9、18 等股，强度大，弹性小，价格便宜，适用于放大型以上的风筝，缺点是易扭劲。

3.多股尼龙线

一般多为 3 股，有粗有细，强度大，缺点是扭转性较大，用时须使用抗扭接头。

(二)放线规格

通过放飞测试,现将各类风筝常用放线规格列表如下:

表1 板子、硬翅、软翅、立体各型风筝放线规格

型别	尼龙线 直径(毫米)	聚氯乙烯线(股)
微	0.1	1
小	0.2	3
中	0.4	6
大	0.6	9
超大	0.8以上	18

表2 龙类各型风筝放线规格

型别	尼龙线 直径(毫米)	聚氯乙烯线(股)
微	0.2	9
小	0.8	27
中	1	81
大	1.5	162
超大	2以上	162

二、缠线工具

缠线工具多种多样，可选择制作，包括线拐子、手摇平板线车、单辐线桄子、多辐线桄子、线轴和手摇轮线车等。

（一）线拐子

线拐子的收放线方法（见图 9-3-1）是：

左右手分别持拐子把，双手转动收线或放线，适用于各种风筝的放飞，特别是各类大型风筝。

（二）手摇平板线车

手摇平板线车的收放线方法（见图 9-3-2）是：

左手持把不动，右手持小柄转动收线或放线。

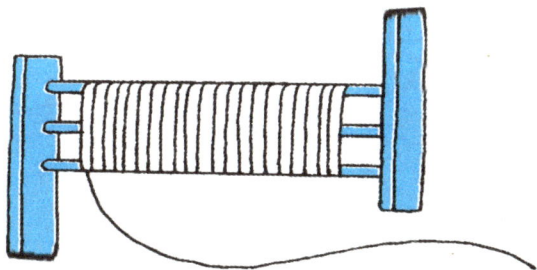

图 9-3-1

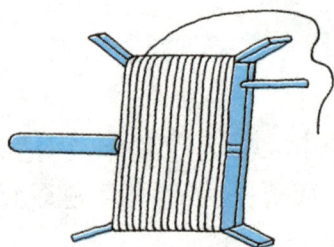

图 9—3—2

(三)单辐线桄子

单辐线桄子的收放线方法(见图 9—3—3)是:

左手拉放线,右手持线车把,食指打(拨)线车的横辐,使线车转动收线或放线。

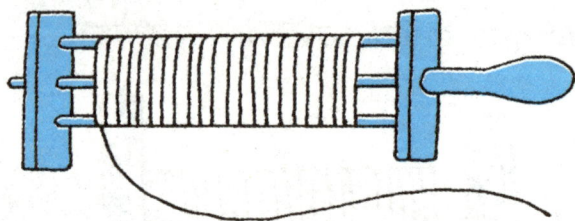

图 9—3—3

(四)多辐线桄子

多辐线桄子的收放线方法(见图 9—3—4)是:

收放线方法同单辐线桄子,但速度比前者快。

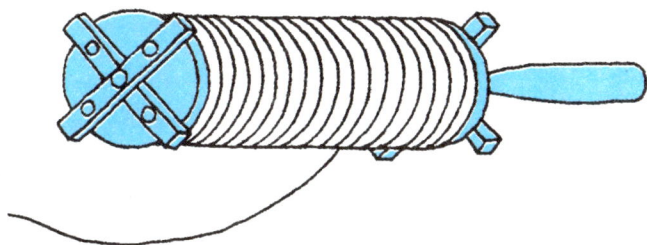

图 9-3-4

(五)线轴

线轴的收放线方法(见图 9-3-5)是:
收放线方法同多辐线桄子,但速度较慢。

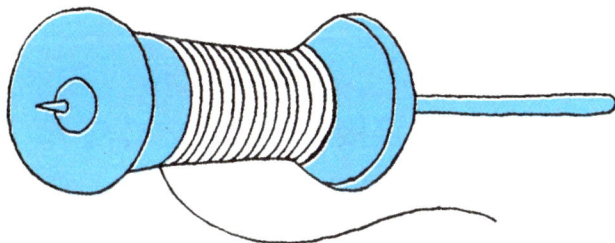

图 9-3-5

(六)手摇轮线车

手摇轮线车的收放线方法(见图 9-3-6)是:
左手持把不动,右手持小柄,转动收线或放线。

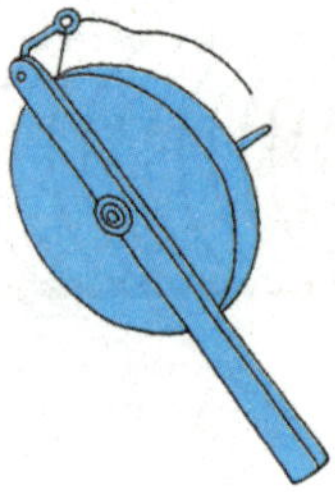

图 9-3-6

第四节 放飞技巧

放风筝需要掌握风筝的放飞技巧,只有这样才能使放飞者获得更好的放飞体验。

一、放线与提线连接

放飞之前要将放线与提线相连,要求牢固,不能脱扣,连接快而易解,包括滑扣连接、别棍连接和别针连接等。

(一)滑扣连接

滑扣连接的方法(见图 9-4-1)是:

(1)先将放线穿过提线圈,绾一活扣拉紧,再将放线绾一圈,最后将活扣环穿入放线圈,拉紧锁住,即可试飞;

140

（2）放飞后解扣时，拉线头即可解扣；

（3）此种系法是假结活扣，较为安全，但年轻人多不采用，担心放飞时脱扣，使风筝跑掉。

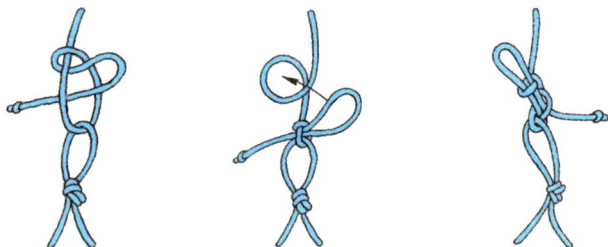

图 9-4-1

（二）别棍连接

别棍连接的方法（见图 9-4-2）是：

（1）将放线末端采用猪蹄扣或拴牛结绑扎在 2 厘米长的竹棍中央，放飞时将棍别在提线圈内，如果提线圈直径大于竹棍长度，可采用百灵鸟结连接；

（2）此种系法操作简单，易被接受。

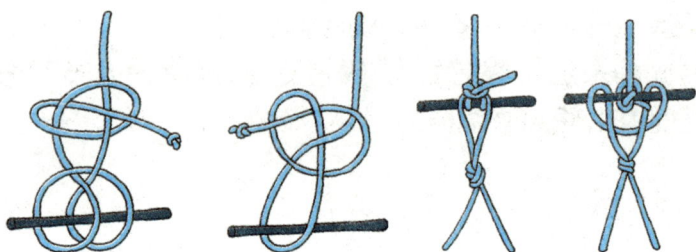

图 9-4-2

（三）别针连接

别针连接的方法（见图 9-4-3）是：

（1）放线末端采用前法绑牢别针，放飞时套挂在提线圈上即可；

（2）别针应根据风筝大小采用不同粗细的钢丝弯成；

（3）可制成外有活套管的别针，防止别针拉直，放线脱出。

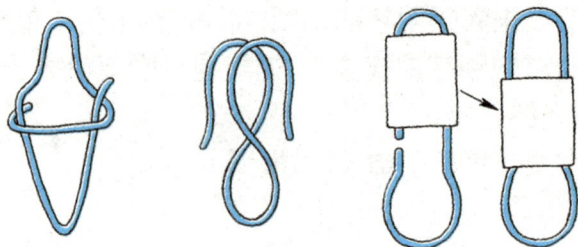

图 9-4-3

二、放飞法 ◇◇◇◇◇◇

放飞法包括上提拉法、胸前拉放法、长距拉放法、收放法和跑放法等。

(一)上提拉法

放飞之前,观察树梢摆动方向,以确定风向。放飞者身体背侧迎风,一手拿线车(线板),另一手持放线约距风筝半米处,使风筝头部在前或朝上,当耳边感到有风时,用中速向后上方提拉放线,使风筝直立迎风向上起飞,超过头部。线有一定拉力,此时略放线,风筝下落时再提拉,风筝上升后再放线,如此反复提拉、放线,即可把风筝送上高空。如风力较小或风筝体重较大时,可在拉线的同时倒退或侧身慢跑几步,即可使风筝急速上升。倒退或跑动观察风筝的同时,要注意身后有无障碍物,防止绊倒。

(二)胸前拉放法

此法俗称"抖一抖",当风筝放飞到一定高度时,如遇风速变小,风筝会逐渐下落,此时手持线在胸前用前臂及手腕来回拉动牵线,要快拉慢放,拉时风筝上升,放时风筝慢落,如此反复抖动,即可使风筝留于空中或逐步上升,待风略大时,风筝又可直冲云霄。

(三)长距拉放法

放起的风筝因风速小,逐渐下落,用抖动的方法仍不能解决,即可采用长距拉放法。手持放线前臂垂下,前后长距拉放,同样要快拉慢松,使风筝上升快,而下降慢,维持风筝不落,待风速加大时即能升高。

(四)收放法

经过提拉、抖动等方法,风筝仍不断下落,说明风速小或风筝高度不够。此时可急速收线,使风筝加大受风力度,从而再度升高。如此收线、放线,使风筝逐步上升,达到一定高度,不能下落。

(五)跑放法

提拉、抖动、收放均不能奏效时,可借助跑动使风筝受风力度加大,上升后再放线,使风筝达到一定高度。注意跑动时应侧身观察风筝状况,切不可低头急跑、不看风筝或倒退跑,也不能顺风跑或转圈跑。

三、收线法

收线法包括顺风收线法和压线收线法等。

(一)顺风收线法

风筝在高空拉力较大,特别是遇到大风的情况下,强拉收线,易栽跟头或断线。为使拉力变小,放飞者应顺着风势走向风筝,边走边收线,甚至较快地走向风筝,暂不收线,有时还要适当地放线,待拉力变小时再收线。

(二)压线收线法

风大时为防止断线,应一个人持线车,另一人用双手轮换压线走向风筝,从而使风筝降至低空,可边压边收线或压线人拉线收回。最好能将风筝收到手中,如果收线即将完成时,风筝又要栽头,切忌再收线,应顺势急速放线,使其滑翔落地或软着陆,防止摔坏风筝。

第十章 风筝比赛规则

风筝比赛具有很强的观赏性，需要从工艺、放飞等方面进行综合评分。

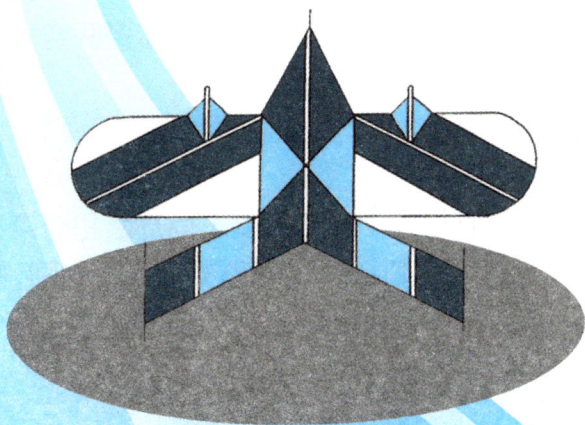

第一节 程序

参加风筝比赛,选手必须按照相应的程序进行,否则比赛无效。

一、参赛办法

参加比赛者,必须按大会的各项规定办理报名手续,抽签决定参赛号码。

二、比赛方法

(1)工艺评分是比赛的第一阶段,选手应按规定的时间送审,按号悬挂,及时退场;

(2)放线定长均为 30 米,放线定长标志各队自标,但要醒目,大会有权审核;

(3)选手必须提前 20 分钟到检录处报到,凡 3 次点名不到者,视为弃权;

(4)每组比赛时间为 12 分钟,以鸣枪开始和结束,如受天气、时间等因素所限,总裁判长有权减少每组比赛时间,但最短不得少于 6 分钟,其留空计时及评分标准也随之变更。

第二节 裁判

风筝比赛的裁判员由多人组成,分工明确,以确保比赛的公平性。

一、裁判员

裁判员由以下人员组成:

(1)总裁判长 1 人,副总裁判长 1 人;

(2)审核、检录裁判长 1 人,审核、检录裁判员若干人;

(3)工艺、放飞评分裁判长 1 人,工艺、放飞评分裁判员若干人;

(4)检查裁判长 1 人,检查裁判员若干人(每条道位 1 名);

(5)道位裁判长 1 人,道位裁判员若干人(每条道位 2 名);

(6)放飞指挥长 1 人,发令、计时员 1 人,风速测量员 1 人;

(7)编排、成绩公告裁判长 1 人,编排、成绩公告裁判员若干人。

二、评分

(一)工艺 40 分

1.造型 10 分

(1)根据不同主题和物体特征合理造型、构图,5 分;

(2)形象生动,夸张得体,5 分。

2.扎制工艺10分

(1)骨架结构简练,5分;

(2)扣榫合理,扎口严紧,5分。

3.装饰工艺10分

(1)色彩对比分明、和谐,5分;

(2)裱糊工艺(糊口整洁、平整,糊面松紧适度),5分。

4.创新10分

造型、构图、结构、骨架有创新突破。

(二)放飞 60分

1.起飞10分

(1)鸣枪后,风筝全部离开手和地面,放线30米以上(把风筝引进留空计时区)为完成起飞,如风筝在鸣枪前离手,判技术犯规;

(2)完全离开手和地面的风筝,在未进入留空计时区前落地(包括装饰物和"尾巴")为失败,允许重新起飞,起飞每失败1次扣5分,3次起飞失败,取消放飞资格;

(3)起飞后的风筝,一旦进入留空计时区,如失败,无论起飞成功与否,均判比赛结束,不许再重新起飞。

2.留空时间20分

(1)留空时间为10分钟,完成起飞即开始计留空时间,裁判员每隔1分钟报告1次时间,每少30秒扣1分;

(2)留空计时区内的风筝,若放线少于定长,判比赛结束;

(3)在留空计时区内,选手的一脚或双脚离开留空计时区,判比赛结束;

（4）完成起飞后的风筝,在留空计时区内落地（包括装饰物和"尾巴"）,其留空时间少于 3 分钟（不含 3 分钟）,判比赛结束。

3. 20 秒测角 10 分

在留空计时区内,放线长 30 米以上,选手把放线下端固定在测角器上,连续 20 秒,即完成测角。20 秒内,线与地面的夹角（取其最小角度和最大角度的平均值）30°、35°、40°、45°、50°、55°、60°、65°、70°、75°分别得 1、2、3、4、5、6、7、8、9、10 分。测角时,裁判员每 5 秒报告 1 次时间。

4. 放飞技巧 10 分

（1）放飞动作 7 分,在留空计时区内,根据不同题材,要求风筝放飞稳定、灵活,收线、放线运用自如;

（2）花样动作 3 分,运用收线、放线动作使风筝变换位置,或有声响、烟火,或风筝某个部位能运动,花样动作与风筝的主题应相适应（切题）。

5. 空中效果 10 分

（1）工艺评分的地面效果在空中得以体现,或地面效果不明显,而空中效果明显,8 分;

（2）放飞中运用声、光、电等高科技手段,2 分。